모든 사람에게
사랑받으려고
애쓰지 마세요

모든 사람에게
사랑받으려고
애쓰지 마세요

초판 1쇄 발행 2023년 05월 04일

지은이 나겨울
펴낸이 최현준

책임편집 이가영
디자인 김소영

펴낸곳 빌리버튼

출판등록 제 2016-000166호
주소 서울시 마포구 월드컵로 10길 28, 201호
전화 02-338-9271 | **팩스** 02-338-9272
메일 contents@billybutton.co.kr

ISBN 979-11-92999-04-3 (03190)

모든 사람에게
사랑받으려고
애쓰지 마세요

나겨울 지음

더 이상   착한

사람으로만 살고 싶지 않아서

빌리버튼 billy button

이 원고를 쓸 때 저는 무수히 많은 저와 만나곤 했어요.

그렇게 꺼내고 다듬어 고치고를 반복한 결과를 묶어서 내려니 어떤 말로 설명을 해야 하나 싶을 정도로 어색한 순간이 왔네요.

벌써 다섯 번째 책입니다.

이번에는 유독 집필도 더뎠고 작가의 말조차 쓰기가 어려웠어요.

어떤 이야기가 담긴 리본으로 책을 잘 묶어 여러분에게 내놔야 할지 몰라서예요.

다만 이 글을 읽고 있을 여러분이 스스로를 누구보다 아끼고 사랑한다는 것,

지금보다 더 나은 자신이 되고 싶어 이 책을 골랐다는 것은 분명히 알고 있습니다.

그래서 저는 과거의 저와 현재의 저를 만나게 했어요.
그렇게 하니 다양한 위로와 조언을 함께 드릴 수 있는 문장이 나왔습니다.
제 손을 떠난 문장 하나하나가 부디 도움이 되길, 여기서 늘 바라고 있을게요.

저는 요즘 평온한 하루하루를 보내고 있습니다.
이 책을 읽는 모든 분들도 그렇게 되기를 소망하겠습니다.

나겨울

작가의 말

차례

Chapter 2

나를 일으키는 약간의 위로

✖✕

Chapter 3
좋은 사람으로 남고 싶은 마음

×ˣ

Chapter 4

마음에 휴식이 필요한 순간

✕ˣ

Chapter 1

이제
착하게
살지
않겠다는
다짐

나는 착한 아이가 아니에요

×ˣ

"너는 착한 아이구나. 지금처럼 그렇게 열심히 하면 돼."

이 말은 훗날 아이가 아무도 실망시키고 싶지 않아 그저 착하게, 열심히 사는 사람으로만 성장하도록 만든다. 반복적인 말에는 사람의 미래를 좌우할 힘이 있다. '착한 사람'이 어떤 것인지, '좋은 사람', '좋은 어른'이 무엇인지 아직 자신만의 기준이 없는 아이에게는 특히 그렇다. 주변에서 들리는, 부모나 선생님, 친척 등이 하는 말이 기준이 되기 때문이다. 스스로 어떤 사람이 되고 싶다는 기준을 세우기도 전에 착하게 살아야 한다는 말에 세뇌당한 아이는 그 말을 무조건 따르며 살게 된다. 성인이 되어 더 큰 세상을 만나면 스스로 자신을 얼마나 억누르며 살아왔는지 비로소 깨닫는다. 그렇게 착한 아이로만 살다가 터져버린 사람을 주변에서, 또 상담을 통해서 만났다.

"실망시키기 싫었어요.", "모든 사람에게 칭찬받고 싶었어요."

그들이 공통적으로 하는 말이다. 이렇게 해야만 착하다고 인정받고 칭찬받을 수 있다는 생각이 두텁게 자리 잡아서, 자신의 모습을 억지로 감춰왔다가 결국 자신이 어떤 사람인지 잃어버린 채 나오는 말이다. 그들에게는 세상이 무너진 것과 같다. 그렇게 사는 게 좋은 거라고 생각해왔는데 옳다고 믿던 게 전부 잘못된 일이 되어버렸으니 말이다. 그래서 그런 이들과 대화를 나눌 기회가 있을 때마다 타인을 실망시키고 싶지 않은 마음을 버리라고 조언하지만, 그건 정말 쉬운 일이 아니다. 이미 휘둘릴 대로 휘둘려 버려서 진정한 자신을 어디서부터 찾아야 하는지, 어떤 것부터 해야 하는지 혼란스럽기 때문이다.

우선 가장 중요한 건 "나는 착한 아이가 아니에요!"라고 소리칠 수 있는 용기다. 어린 시절에는 자신을 자꾸 착한 사람으로 만드는 분명한 대상이 존재했을 거다. 하지만 성인이 된 지금 그렇게 살아야 한다고 목소리를 내는 뚜렷한 존재가 다름 아닌 자기 자신이다. 나다워지는 것을 방해하는 자신의 모습을 인지했다면, 그다음 해야 할 일은 '새로운 가치관'을 갖는 것이다. 누군가의 기대에 맞춰 하루하루 살았지만 이제는 누구도 내가 원하지 않는 기대를 부여하지 않도록, 나만의 단단한 성을 세우는 일이다.

그 일을 하는 동안 가장 중요한 것은 '나는 왜 가치관을 일찍부터 세우지 못했을까'라고 후회하지 않는 것이다. 착한 아이가 되어야 하는 이유와 열심히 노력해야 하는 동기를 제대로 알기 전부터 넘치는 기대를 받아왔다. 누구라도 가까운 사람의 기대에 부응하고 싶었을 거다. 이제라도 진정한 자신을 찾기로 마음 먹었다는 건 넘치게 용기 있는 사람이라는 증거다. 그러니 바뀌려고 노력하기 시작한 자신을 원망하지 말고, '나는 이제 어떤 사람으로 살 것인가?'라는 질문에 답하며 나답게 사는 방법을 연구하는 데에 마음을 쏟으면 된다.

그 과정에서 누군가 당신을 낯설게 보거나 만류해도 흔들리지 말자. 더는 휘둘리고 싶지 않다고 생각했다면 무조건 그 생각이 옳다. 이제는 변화해야 될 때라는 걸 의심하지 말고 그 시절의 착한 아이에서 벗어나 어떻게 하면 '내 기준에 좋은 사람'으로 살 수 있을지 고민하길 바란다.

미움받을 용기가 없는
사람들의 5가지 특징

첫 번째, 거절하는 걸 어려워한다. 살면서 받는 모든 부탁을 다 들어줄 수 있는 사람은 없다. 그럴 능력도 그럴 마음도 없을 것이다. 하지만 부탁하는 사람은 그런 것과 상관없이 계속 생겨난다. 학교와 직장에서 만난 사람들과 오래된 친구, 안지 얼마 안 된 인연까지 가리지 않고 말이다. 부탁을 받을 때마다 상황이 여의치 않고 여유가 없는 데도 거절의 말이 어려워서 무리해서 부탁을 들어준다.

거절의 말은 왜 어려운 걸까? 거절의 이유를 솔직하

이제 착하게 살지 않겠다는 다짐

게 말했을 때 상대방도 납득할 만한 이유가 있다면 그 사람이 나를 미워할 일은 없다. 하지만 거절하는 걸 어려워하는 사람들은 그 과정 자체를 피곤하게 생각한다. 거절의 말은 살면서 언제 쓸 일이 생길지 모르기 때문에 할 줄 아는 게 중요하다. 상대방의 마음이 상하지 않게, 관계를 그르치지 않는 선을 지키면서 말이다.

만약 부탁하는 자세가 무례하다면 어떤 말로 거절을 하더라도 당신은 부탁을 거절하는 나쁜 사람이 될 것이다. 그러니까 무례한 부탁의 말은 고민하지 말고 단칼에 거절하는 게 낫다. 보통 미안한 마음을 담아 부탁을 들어줄 수 없는 이유를 대며 거절했을 때, 부탁을 한 사람이 오히려 더 미안해하기 마련이다. 때로는 거절의 말 한 마디로 인간관계가 정리되기도 한다.

두 번째, 지나치게 배려한다. 상대에게 다 맞추며 내가 없는 인간관계를 유지하는 것이다. 그 관계에서 내가 모두 지워졌을 때에야 비로소 잘못됐음을 깨닫는다. 상대에게 불편하게 맞추던 모습, 싫은 걸 얘기하지 못했던 순간, 좋지 않은 걸 좋다고 얘기하던 때. 상대에게 배려받지 못했던, 타인을 먼저 생각하느라 나 자신을 배려하지 못했던 시간들이 생각나도 관계가 끝났다면 되돌릴 수 없다. 그러면 마음에 더 큰 후회가 남는다.

하지만 그것 또한 내가 지워진 채로 이어가던 관계를 정리할 수 있는 계기가 된다. 누군가를 지나치게 배려해주다 보면 자기 자신을 제외한 배려가 얼마나 무의미한지, 인간관계에 대한 회의감을 남기는지 알게 되기 때문이다. 모든 배려에는 타인에 대한 마음과 자신에 대한 챙김이 들어가야 한다.

그렇다고 이기적으로 생각하라는 게 아니다. 바탕에 내가 없는 배려는 의미가 없고, 궁극적으로 상대를 위한 최선의 배려도 아니라는 것이다. 배려를 할 때는 그 바탕에 상대방과 내가 나란히 있는지 살펴봐야 한다.

세 번째, 관계를 먼저 끊어내지 못한다. 나에게 좋지 않은 영향을 주는 사람을 끊어내지 못하는 것도 습관이다. 정이 많아서, 언젠가는 관계가 좋아질 수 있다는 생각에, 누군가와 불화를 만들고 싶지 않아서 등등 이유는 다양할 것이다. 하지만 그 바탕에는 '미움받기 싫은 나'가 존재한다.

관계를 끊고 싶다는 생각을 한다는 것 자체가 그 사람이 한때 나에게 소중한 사람이었고 지금도 관계에 대한 미련이 남아 있다는 걸 뜻한다. 하지만 소중했던 사람과의 끝을 생각한다는 건 그동안 지치고 상처받았던 일이 쌓이고 쌓였다는 걸 말한다.

그 사람과 왜 멀어져야 하는지 이유를 계속 생각해 보자. 충동적으로 결정하거나 억지로 이유를 만들어낼 필요는 없다. 정에 휩쓸려 어긋난 관계를 혼자의 노력만으로 긍정적으로 바꿀 수 있을 거라고 기대하는 것은 회피에 불과하다. 그 마음속을 잘 들여다보면 진심이 있다.

관계를 끊어내는 게 중요해서 계속 끊어내야 한다고 강조하는 것이 아니다. 좋지 않은 영향을 주는 관계를 정리하는 건 세상으로부터 나 자신을 보호하는 방법이고, 어렵더라도 마음을 단단히 먹고 실천으로 옮겨야 한다.

네 번째, 부정적인 감정을 말하지 못한다. 부정적인 감정은 '서운함'과 '무례함' 등으로 누군가로 인해 마음이 상한 것, 상처받은 것, 기분이 나빠진 것을 모두 포함한다. 그런 감정을 제공한 사람에게 감정이 상했다고 말하지 못하는 사람들의 특징은 이야기를 할 타이밍을 잡지 못한다. 언제 이야기해야 좋을지, 어떻게 이야기해야 상대방의 마음 상하지 않을지 전전긍긍하다가 결국 늦어버린다.

서운함과 무례함에 대처하는 가장 좋은 방법은 그 사람과의 관계를 돌아본 후에 감정에 대해 이야기하는 것이다. 내가 받은 감정을 그대로 돌려주려고 하면 더 큰 문제만 생길 뿐이고, 그렇다고 상대방에게 내 기분에 대해 정확하게 전달하지 않으면 오히려 오해만 생길 수 있기 때문이다. 상대에게 왜 서운함을 느꼈는지, 상대는 왜 그런 말을 했는지 속마음을 터놓고 이야기할 때에 내가 받은 만큼 돌려주려는 감정 없이 얘기할 때 이야기는 더 잘 통한다.

만약 그렇게 깊이 생각하고 정리해서 얘기했음에도 불구하고 상대방이 받아들이지 못할 수도 있다. 그건 그 사람이 나를 소중한 인연으로 생각하지 않거나, 마음의 문이 닫혀있어 내 입장과 속마음을 듣고 이해해보려는 노력을 할 의지가 없는 상태라는 뜻이다. 그러니까 내가 말해야 할 타이밍 또한 상대방과 계속 인연을 이어나가고 싶어 하는지, 나의 마음의 문은 얼마나 열려있는지에 달렸다.

서운함이든 무례함이든 계속 참다 보면 결국 견딜 수 없는 날이 오고 그때 갑자기 아무 말 없이 관계를 끊어버리는 사람도 있다. 그럴 수밖에 없을 만큼 말 못할 이유야 많겠지만, 그런 식의 맺고 끊음은 절대 삶에 좋은 영향을 주지는 않는다.

참는 것도, 무작정 참다가 한 번에 터뜨리는 것도 좋은 방법이 아니다. 서운할 때, 무례함을 느꼈을 때 적당한 타이밍에 상대와 이야기를 하는 것도 용기고 관계 개선에 대한 노력이다. 그렇게 힘들여 얘기했음에도 아무것도 달라지는 게 없을 때, 그때는 상대를 포기해도 된다.

다섯 번째, 모든 사람과 잘 지내고 싶어 한다. 모든 사람이 나를 좋아할 수도, 좋은 사람이라고 생각할 수도 없다는 걸 머리로는 분명 알면서도 미움받고 싶지 않아서 애를 쓰는 사람들이 있다. 그 과정에서 자존감은 떨어지고 모든 사람에게 '좋은 사람'이 되려는 목표와도 멀어진다. 모든 사람과 잘 지내려면 내가 원하지 않았던 내가 되어야 하는 순간이 있고, 내가 좋아하지 않는 모습의 나를 꺼내야 할 때도 있기 때문이다.

타인의 인정과 애정을 갈구하는 사람일수록 자신을 사랑하지 않는 사람일 확률이 크다. 자신이 스스로 채우지 못하는 부분들을 타인으로부터 받으려고 하는 것이다. 하지만 타인의 인정이 주는 충족감은 지속 시간이 짧다. 또 다시 마음이 텅 빈 것처럼 느껴지면 자신을 인정해주고 애정을 줄 만한 사람을 찾아 나서게 된다.

모든 사람과 잘 지내고 싶어 하는 사람들은 인정받고 싶은 마음, 애정에 목마른 마음을 다스려야 한다. 모든 사람과 잘 지내야 하는 게 아니라, '내가 잘 지내고 싶은 사람들과 잘 지내는' 연습이 필요하다. 그 시작은 내가 나를 인정해주고 부족하지 않을 만큼의 애정을 주는 일부터다.

감정의 기본값

기분과 감정을 꾸준히 기록하고 그것의 통계를 내본 결과, 나의 기본값은 우울이라는 사실을 알아냈다. 안개처럼 미세한 우울이 깔린 나의 매일매일. 그 사실을 알고 난 후에는 한결 마음이 편해졌고 불안함도 많이 사라졌다. 이제는 우울함이 기본값인 사실 자체에 씁쓸해하지 않는다. 대신 비 오기 전의 흐리고 바람이 많이 부는 날씨를 좋아하는 것과 비슷한 정도로 여기고 있다.

<상담 & 치유 글쓰기> 수업을 몇 년간 이어오면서 나처럼 기본값이 우울인 사람들을 만났다. 걱정 없는 날

이 한 달에 하루도 없고 기분이 좋은 날도 많지 않은 사람들. 나를 포함해 이런 사람들의 공통점은 생각, 걱정, 잡념 등이 많다는 것이었다. 막연하게 떠오르고 끊임없이 꼬리에 꼬리를 무는 생각들, 작고 큰 걱정들, 그래서 계획을 세워야 한다는 생각에서 나오는 불안, 실천으로 옮기는 데에 또 고민을 하게 만드는 패턴이 우리의 기본값에 많은 영향을 미친다. 그러나 이런 것들로부터 무작정 해방되어야 하는 건 아니다.

오랫동안 비슷한 감정과 기분을 기본값으로 느끼며 살아가다 보면 또 느끼는 것이 있는데, 바로 감정의 주체성이다. 알고 있는지, 모르고 있는지가 종이 한 장 차이라면 받아들이고 받아들이지 않고는 천지 차이다. 생각, 걱정, 잡념이 많은 건 타고난 기질의 영향이 크다. 그걸 조절하고 관리하기 위해 기록이나 명상 등 다양한 노력을 하는 건 좋지만, 그걸 넘어서 걱정과 그런 감정을 조절하려는 노력에서도 자유로워질 필요가 있다.

인지를 넘어선 인정, 그 후에 나의 타고난 기질을 잘 갈고 닦을 수 있는 다양한 노력, 그다음이 바로 자유다. 별일이 있어서가 아니라 타고나길 생각이 많은 사람에게 무작정 생각을 줄여야 한다, 생각을 줄이기 위해서는 이런 노력을 해야 한다고 조언을 건네고 싶지 않다. 애써 괜찮은 게 아니라 나다운 내가 되기 위해서는 절제가 아닌, 내 기분과 감정에 주는 자유가 필요하기 때문이다.

생각이 나라는 사람 그 자체는 아니기 때문에 흘러가는 대로 놔둘 줄 알아야 하고, 그때서야 비로소 내면의 평화를 얻을 수 있게 된다. 그리고 또 한 가지, 좋은 기분이 들 때 의심하지 않아야 한다. 미세한 우울이 감정의 기본값임을 알게 된 이후로 가끔 평소와는 다르게 가볍고 산뜻한 기분이 들면 종종 의심을 할 때가 있었다. "이게 정말 내 기분이 맞아?"라고 속으로 계속해서 물어봤고, 그 순간을 즐기지 못했다.

이제 착하게 살지 않겠다는 다짐

그 탓에 가볍고 산뜻한 기분이 하루를 채우지 못하고 사라지기도 했다. 평소 불안과 우울함이 나를 가득 채울 때는 그 이유를 찾으려 매번 애썼다. 그래서 당연히 밝은 기분에도 이유가 있을 거라고 추측하고 기분이 좋으면 좋은 대로 의심했다. 그건 우연히 온 행운을 날려버리는 느낌을 줬고, 그때부터 의심하지 말고 우선 받아들여야겠다는 생각을 했다.

행복이 발견하는 자의 몫이듯 우리의 모든 기분도 마찬가지다. 느끼는 사람의 영향이 크다. 그러니 힘든 시기에 평소와는 다르게 조금은 가볍고 밝은 기분이 찾아왔을 때 의심하지 말고 즐기자. 그건 온전히 나를 위해 찾아온 행운 같은 거니까. 특히 힘든 시기를 오래 보낸 사람일수록 자신의 밝은 기분을 의심할 가능성은 더 커진다. 마음이 이미 힘든 시기를 떠나보낼 준비를 하는데 스스로 의심하며 막아버린다면 조금 열렸던 마음의 문이 닫힐 수 있다.

우리에게 어울리지 않는, 누리지 못할 기분은 없다. 그러니 좋은 기분이 들 때는 행운으로 받아들이고, 나쁜 기분이 찾아왔을 땐 언제든 떠나보낼 수 있는 것으로 생각하자.

이제 착하게 살지 않겠다는 다짐

번아웃이 찾아왔을 때

나는 늘 내가 추구하는 목표에 맞게 수많은 계획을 세우고, 세운 계획에 따라 사는 것에 안정감을 느낀다. 그렇게 계획대로 열심히 살았는데 2021년에는 심한 번아웃을 겪었다. 모든 것을 그만두고 싶다는 생각에 사로잡혔던 이유를 당시에는 몰랐지만 지나보니 알 것 같다. 우선 일을 너무 많이 했다. 주말도 밤낮도 없이 글쓰기 수업, 상담, 메일링 서비스 연재, 원고 작업, 각종 협업 등을 하는 데에 모든 에너지를 썼다.

게다가 누군가 부탁을 하면 '나를 필요로 하는데 나가

야지!'라는 생각으로 모두 받아들였다. 만나는 사람마다 나에게 대체 언제 쉬냐고 물어도 잠깐씩 쉬고 있다고 말만 했다. 마음 편히 쉬는 날은 하루도 되지 않았다. 그렇게 에너지를 채울 시간도 없이 달린 탓에 나중에는 잠깐 쉬는 시간마저도 밑 빠진 독에 물 붓는 것처럼 느껴졌다. 나는 왜 그렇게 멈추지 못했을까.

서울에 올라온 지 2년 차, 우선 가족들이 걱정하지 않을 정도의 수입과 성과를 계속해서 보여줘야만 했다. 또 내 이름을 걸고 하는 모든 것들에 대한 압박감이 나를 더 움직이게 했다. 자연스럽게 바쁜 것에 중독됐다. 하지만 열정은 사라졌고 무언가를 하고 싶다는 마음이 모두 고갈된 채 무기력에 빠졌다. 일을 하는 것과 마음 놓고 쉬는 것 중 어떤 것도 진심으로 할 수 없었다. 둘 다 불안하고 어려웠다. 나와 가까운 사람들은 그때의 나에게 전부 이런 위로를 건넸다.

"지금껏 너무 열심히 해왔잖아. 좀 쉬어도 돼."

그렇다. 사람들은 자신에게 주어진 일을 감당하지 못해서 고장이 났다고 생각하지만, 번아웃은 열심히 했기 때문에 찾아온다. 우리가 자주 쓰는 '하얗게 불태웠다'라는 말처럼 모든 걸 쏟아부었으니 한 챕터를 넘어간다는 생각으로 잠시 쉬어가라는 뜻이기도 하다. 물론 쉬는 동안에도 불안함은 생겨난다. 그래서 이제 다시 일을 해야 하지 않을까 고민하는 날도 있겠지만, 푹 쉬지 않는다면 배터리를 찔끔찔끔 충전해서 전원이 꺼지지 않을 정도로만 사는 것과 같다.

배터리 바가 노란색 저전력 모드 상태인 스마트폰을 충전기에 꽂아 놓으면 80% 충전이 됐을 때 저절로 배터리 바가 초록색으로 변한다. 우리의 에너지도 안심할 수 있는 초록불이 될 때까지는 충전을 해놓아야 한다. 나는 충전기를 따로 들고 나가지 않는 날에 혹시 배터리가 없을 걸 대비해 집을 나설 때 저전력 모드를 켠다. 번아웃을 겪고 나서 이런 습관을 내 삶에도 적용해야 한다는 걸 깨달았다. 소모될 에너지를 대비해 방전되기 전에 먼저 저전력 모드를 켜주고, 적어도 80% 정도 충전이 될 때까지 휴식하는 것 말이다.

그러니 쉬는 것을 불안해하지 말자. 외면하면 계속 불안에 떨게 되지만, 자신의 상황과 상태를 제대로 인지하고 모든 걸 받아들이면 그다음에 해야 할 일이 다시 보이기 마련이다. 에너지가 고갈된 상태에서 억지로 움직이는 대신 제대로 충전된 상태를 만들어주고 다시 열정적으로 살면 되는 것이다.

자기반성의 오류

————————————————————— ✗ˣ

스무 살, 대학교를 다닐 때 교내 상담센터에서 상담을 받은 적이 있었다. 그 당시의 나는 상담이 필요한 상태였지만 지나친 자기방어로 피하고 있었다. 하지만 지도 교수님은 심리학을 전공할 사람들이라면 상담을 받아보기도 해야 한다고 나를 포함한 동기들 모두를 일정 기간 상담을 체험하게 하셨다.

처음에는 못 이기는 척 갔지만 몇 번 상담을 받다가 중간부터는 나가지 않았다. 그때의 나는 나를 똑바로 마주하는 게 세상에서 가장 두려운 사람이었다. 그때로부터 시간이 오래 지났지만, 몇 번의 상담 중 한 번이 지금까지도 유독 기억에 남는다. 그날은 내가 자기반성을 지나치게 많이 한다는 말을 처음 들은 날이었다.

• 자기반성 [명사]

　1. 자기의 언행에 대하여 잘못이나 부족함이 없는지
　　 <u>스스로</u> 돌이켜 봄.

　　　　　　　　　　　　　　　　　　 – 표준국어대사전

• 반성적 사고

　자신의 사고 내용이나 사고 과정, 문제해결 과정, 그리고 그 결과에 대해 생각하는 사고이다. 초인지, 자기점검 사고, 자기반성과 유사한 의미를 지니고 있다. 또한 문제의 해결을 위하여 가설적인 생각들을 검토하여 목적을 실현하려고 하는 통제된 사고의 전개과정이다. 그리고 특정 신념 혹은 지식의 근거와 그 결과들에 대해 능동적이고 지속적이며 주의

깊게 고려하는 사고이다. 이와 같은 반성적 사고는
체계적이고 논리적으로 진행된다는 점에서 공상이
나 백일몽과 같이 통제되지 않고 진행되는 사고와
구별된다.

-HRD 용어사전

쉽게 풀어서 말하자면 자기반성은 '내가 잘못했겠지.'
로 끝나는 게 아니다. 감정적인 자책이 아니라 원인과
결과, 문제해결 방법에 대한 논리적인 생각의 과정이어
야 한다. 하지만 스무 살의 나는 '다 내가 잘못했지'라는
식의 자책이 습관이었다.

시간이 흘러 내가 사람들을 상담하면서 느낀 건, 스무
살의 나처럼 자책이 습관인 줄 알면서도 고치기 어려워
하는 사람이 많다는 것이다. 생각하면 생각할수록 힘든
데 내 잘못도 있는 것 같고 그렇다고 남을 미워하는 건
어렵고 결국 자신을 미워하기로 선택한 것이었다. 그런
사람들을 마주할 때마다 과거의 나를 보는 것 같아 한

마디라도 더 해주려고 애쓰며 상담을 이어나갔다.

　나에게 상담을 신청한 사람들은 전부 스무 살의 나보다 훨씬 강한 사람들이다. 적어도 자신이 지금 조언과 응원이 필요한 상태라는 것을 인지하고 용기를 내어 손을 뻗었으니까. 그런데 상담을 신청한 사람들은 자신이 고칠 점이 많아 상담을 받는 것이라고 생각해 어딘가 모르게 주눅 들어있는 모습을 보인다. 나는 그들에게 지금은 그저 도움이 필요한 시기라는 것을 인지하게 해주며 자기반성 오류를 잡아주곤 한다.

　자책하는 방식의 자기반성은 경직되어 있어 좋지 못한 영향을 준다. 유연한 사고를 통해 이루어져야 좋은 결과가 나온다. 그러니 모든 단계의 자기반성은 객관적이면서도 다정해야 한다. 전체적 상황은 이성적으로 바라보되, 세부적으로 자신에게 너무 가혹한 잣대를 들이대면 안 된다는 뜻이다. 누군가 나의 잘못에 대해 크게 화를 내더라도 나만은 나를 감싸줄 때도 있어야 하는

이제 착하게 살지 않겠다는 다짐

것처럼 말이다.

스스로를 끝까지 몰아세우면 시간이 흘러 '내가 나를 왜 이렇게까지 몰아세웠지? 누구도 나를 이렇게 대하지 않았는데.'라고 생각하는 때가 온다. 스스로에게 준 상처는 타인이 준 상처보다 더 오래, 마음속 어딘가에 남으니까. 그러니 자신을 미워할 만한 상황이 왔을 때, 자책 대신에 앞으로 어떻게 부족함을 채워나갈지 고민하는 시간을 보내길 바란다. 생각을 차곡차곡 정리하다 보면 훗날 같은 상황이 생겼을 때 대처할 더 좋은 방법을 찾을 수 있을 것이다.

자기반성은 도망치지 않고 마주할 때 시작된다. 자기를 마주한다는 건 마음을 제대로 들여다보고 안에 있는 것들을 전부 꺼내서 정리하는 것이다. 마치 서랍 속에 있는 어질러진 물건들을 전부 꺼내서 다시 서랍 안에 차곡차곡 정리해 보기 좋게 넣는 것처럼 말이다.

하루라도 돈을 벌지 않으면 큰일 나는 것처럼 굴던 가족들의 얼굴이 떠오른다. 일을 그만둔다는 뉘앙스로 말만 해도 마음에 들지 않는다는 듯한 표정을 짓고 무슨 이야기를 하고 싶은지 따져 묻는 듯한 얼굴에, 퇴사라는 단어는 꺼내 보지도 못한 경험이 내게도 있다.

그럴듯해 보이는 직업을 갖고 밥벌이를 하는 게 어른들이 생각하는 평범한 삶이라는 걸 안다. 하지만 그 평범함의 기준이 과거와는 달라졌고, 개개인의 역량이나 목표에 따라 계속해서 달라지고 있다. 어른들의 '틀렸다'라는 말은 과거의 기준에, 지켜보는 개인의 가치관에 맞지 않는다는 의미일 것이다.

우리에게는 꿈을 가질 능력이 있고 꿈을 지킬 권리가 있다. 며칠, 몇 달 혹은 더 길게 돈을 벌지 않는다고 해서 인생이 망하는 건 아니다. 그저 그렇게 될 수도 있다는 위협과 두려움을 느낄 뿐이다.

그러니 더 많은 사람이 자신이 원하는 일로 경제 활동을 할 방법을 모색했으면 좋겠다. 허황된 꿈을 꾸며 아무것도 하지 않거나 아무 계획도 없이 퇴사하라는 말이 아니다. 꿈을 위해 어떤 것이든 하면, 당장 그 일이 원하는 만큼의 돈으로 환산되지 않아도 열정을 쏟을 수 있으면, 하고 싶은 일을 갈망하는 걸 멈추지 않으면 된다는 말이다.

내가 하고 싶은 일을 하겠다고 가족들을 설득하는 게 제일 큰 산이라 엄두조차 내지 못하는 사람들도 있을 것이다. 하지만 자신감을 가지고 어떤 식으로든 꿈을 향해 움직이는 모습을 보여준다면 조금은 믿고 기다려줄 것이다. 가족은 원래 가장 방해하면서도 가장 응원하는 존재니까. 그럴듯한 결과를 보여주지 못했다고 좌절하지 않아도 된다. 꿈을 이뤘고 이루지 못했고, 이루는 과정에 있다는 그 모든 판단은 자신이 해야 한다.

자기의 만족뿐만 아니라 세상이 만들어놓은 기준에도 인정받고 싶다면, 목표를 정해두고 하나씩 이뤄가면 된다. 처음에는 믿어주는 사람이 없고 스스로도 의심이 들 수도 있겠지만, 나부터 나를 단단하게 믿어준다면 결국 모두가 나를 인정하도록 만들 수 있다.

성공, 꿈, 부자 등 그 단어를 쓰는 기준조차 사람마다 다르다. 자신이 만족하는, 나중에는 가족들도 인정해주는 그런 꿈을 좇았으면 좋겠다. 그래서 스스로가 '잘살고 있다'라는 생각이 들면 그게 바로 꿈을 이룬 삶일 테니 말이다.

바꿀 수 없는 일은 그대로 받아들인다

나는 계획 세우는 걸 매우 좋아한다. 계획은 스스로를 채찍질하는 수단이자, 불안할 때나 상황이 안 좋을 때에 안정을 찾게 해주는 역할을 하기 때문이다. 나는 비생산적인 상태를 견딜 수 없고, 계획을 다 지키지 못했을 때는 기분이 안 좋아지기 때문에 하루에 할 일을 미리 적어놓고 다 지키려고 노력하는 편이다. 그만큼 계획을 무사히 실행하는 것이 워낙 중요하기 때문에, 불가피하게 계획이 무산될 경우나 누군가로 인해 계획에 큰 변동이 생기면 스트레스도 적지 않게 받는 편이다. 그래서 계획대로 되지 않을 때 스트레스를 다스릴 수 있었던 마음가

짐과 나와 비슷한 이들에게 해주던 조언을 소개해보려고 한다.

삶은 우리 계획대로만 흘러가지 않는다. 내가 내 계획을 방해하기도 하고 타인이 방해하기도 한다. 의도하든 의도하지 않았든 말이다. 그러니 그 당연한 사실을 다시 인지를 하고 평소에 마음을 다잡는 게 필요하다. '내 계획은 언제든 틀어질 수 있다. 누구의 잘못도 아닌, 언제든 일어날 수 있는 일이다. 나는 더 나은 방법을 찾을 수 있는 사람이다.' 그렇게 말이다.

살다 보면 '어쩔 수 없는 일'이 생기는 걸 받아들여도 너무 자주 생기는 때도 있다. 어쩔 수 없이 이해해야 하고 감수해야 하는 시기인데, 당연히 짜증이 날 수 있다. 하지만 어쩔 수 없는 상황에 대해 화를 내고 짜증을 내봤자 내 기분만 안 좋아질 뿐이다. 그러니 타인을 위해서, 나 자신을 위해서 부정적인 감정을 참는 게 낫다. 내 기분대로 저질러 버리는 건 누구나 할 수 있지만 한 번 더 생각하고 참는 건 자신을 위한 행동이다. 기분과 감정대로 말하고 행동한다고 해서 상황이 바뀌는 것도 아니고 그저 분풀이만 될 뿐이니까.

바꿀 수 없는 일은 있는 그대로 받아들여야만 다음 장으로 넘어갈 수 있다. '계획이 틀어졌다'는 그 사실 하나에 감정이 요동치면 이어서 어떤 선택을 해도 만족스럽지 않다. 계획이 틀어졌지만 그래도 나는 더 나은 선택을 할 수 있고 그게 오늘의 나에게 더 만족감을 줄 수 있다는 것, 그 사실을 온전히 믿어야 한다.

나를 둘러싼 틀을 깨부수기

×ˣ

타인의 시선을 과하게 신경 쓰는 사람들은 그 시선을 의식하고 의미를 파악하는 데에 많은 시간을 쓴다. 그러나 타인이 우리에 대해 생각하는 시간은 얼마나 될까? 좋은 점이든 나쁜 점이든 그 시간은 고작 몇 분도 안 될 거다. 또한 누군가 나에 대해 험담을 한다고 해도 그 잠깐의 몇 마디가 내 인생에 엄청난 영향을 주는 것도 아니고, 그렇게 하도록 허락해서도 안 된다.

주변의 시선을 지나치게 의식하면 시선에 얽매이게 된다. 동시에 타인의 시선을 의식하여 만든 틀에 스스로

이제 착하게 살지 않겠다는 다짐

를 가두고 나오지 못하게 옭아맨다는 뜻이다. 이제는 타인의 시선에 갇혀 우왕좌왕하는 것을 그만두고 싶다면 자신을 가둔 틀부터 먼저 없애야 한다. 타인에 의해 만들어진 자물쇠를 열기 위해 당신의 모습을 이리저리 바꿀 것이 아니라, 자물쇠 자체를 과감하게 부술 줄도 알아야 한다. 타인에 의해 만들어진 자물쇠도, 다른 모양으로 만들어놓은 자물쇠도 전부 당신의 것은 아니니까.

나는 나와 평생 함께 산다. 그러니까 가장 믿고 든든하게 지켜줄 수 있는 사람도 자신이어야 한다. 그 말은 곧 내가 나에게 가장 영향력 있는 사람이 되어야 한다는 뜻이다. 그러려면 내면의 평화가 중요하다. 마음의 여유가 없으면 쉽게 당황하고 작은 일도 크게 받아들일 수 있다. 반면에 마음이 평온하면 언제 어디서 누굴 만나고 어떤 일을 겪든 대처 방법부터가 유연하다. 내면의 평화에 도움이 되는 몇 가지 생각을 공유한다.

· 내 시간을 다른 사람의 시선에 오래 두지 말자.

· 타인이 보인 잠깐의 미움 때문에 나를 오래 미워하
  지 말자.

· 누군가 나를 미워해봤자, 안 좋게 생각해봤자,
  내가 노력하며 살아온 삶은 절대 무너지지 않는다.

· 나는 나를 잠깐 보고 전체를 평가하는 타인이 아닌,
  오직 나를 위해 진심으로 노력하며 사는 사람이다.

이런 생각을 마음에 새기며 평정심을 찾았다면, 그 다
음 단계는 내면의 평화를 방해하는 사람들을 차단하기
다. 여기서 말하는 차단은 마음으로부터 하는 외면과 무
시다. 그 사람을 직접적으로 멀리 하는 게 아니라 더는
나에게 영향을 미치고 피해를 줄 수 없다고 마음먹는 것
이다.

나는 종종 낮에 경험한 부끄러운 상황을 자기 전에 곱
씹으며 흔히 말하는 이불킥을 하는 날이 있는데, 그럴

이제 착하게 살지 않겠다는 다짐

때마다 사람들은 생각보다 남에게 관심이 없다는 말을 떠올린다. 그 말이 사실이라는 걸 알기 때문에 내 부끄러운 상황을 본 사람들은 이미 까먹고 잠들었을 거라고 생각하면 마음 편히 잠들 수 있다.

그럼에도 안심이 필요할 때 "정말 사람들이 그 일을 잊어버렸을까?" 다른 사람에게 물어볼 수 있다. 하지만 어떤 대답이 돌아오든 물어본 사람이 그 말을 믿지 않는다면 안심할 수 없을 것이다. 그러니 타인의 의견에 흔들리지 않도록 자신을 안심시키는 평화의 둑을 쌓기를 바란다. 언제 어디서든 당신 시간의 주인이 당신이기를.

나를 함부로 대하지 않도록

×ˣ

한국보건사회연구원이 조사한 한국 청장년의 트라우마 실태 조사 결과를 보면, 트라우마 경험자의 76.3%가 외상 후 성장을 경험했다고 응답했다. 반면, 실제 트라우마가 충분히 애도 또는 해소됐다고 응답한 비율은 65.1%였다. 그 말은 트라우마로 인해 성장하는 것과 트라우마를 극복하는 건 차이가 있다는 뜻이다.

가정환경의 영향으로 어린 시절에 생긴 트라우마를 가지고 있는 사람들은 그때의 상처에서 파생되어 나온 또 다른 상처들로 계속해서 고통을 겪고 있다고 느끼는 시기가 반드시 찾아온다. 그리고 그런 경험이 많으면 많을수록 불행을 당연하게 받아들인다. 괴롭고 슬픈 게 당연하지 않다는 걸 알면서도 자신도 모르게 마음 깊숙한 곳에서는 그럴만하다고 여기고 있을 가능성이 높다. 트라우마는 불안을 만드는 역할을 하고 우리의 무의식은 그런 불안에 속수무책으로 끌려갈 때가 있기 때문이다.

트라우마는 당신의 잘못이 아니다. 오랜 시간 극복하지 못한 것 또한 마찬가지다. 트라우마는 과거에 일어난 일이지만, 트라우마가 남긴 상처는 깊고 때로는 영구적으로 남아 사람들의 생각과 행동에 영향을 미친다. 트라우마를 다 지난 일이라고 생각하기는 어렵지만 절대로 극복할 수 없는 것은 아니다. 생각과 행동에 미치는 영향을 최소한으로 줄일 수는 있다.

그러니 내가 불행한 사람인 걸 조금이라도 당연하게 여기지는 않았나 먼저 생각해볼 필요가 있다. 그런 생각은 트라우마를 극복하는 데에 도움이 될 리가 없으니까. 큰 상처가 있을수록 새로운 작은 상처들이 생길 확률이 높은 건 맞다. 그래서 상처를 치유하는 데 집중해야 한다. 치유하는 과정에서 또 상처를 받는다고 하더라도 포기하지 말자.

나 또한 처음에는 트라우마 자체를 극복하는데 힘을 쓰기보단 그것과 연결된 상처들을 글로 쓰기에 바빴다. '쓸 수밖에 없어서 씁니다'라는 소개말도 거기서 나왔다. 그러나 이제는 글로 적어 내리며 상처와 마주했던 순간 모두를 트라우마를 해소하기 위한 노력이었다고 생각한다. 나의 트라우마와 상처로 인해 누군가에게 상처를 주지 않으려고, 무엇보다 나 자신을 함부로 대하지 않도록 많은 주의를 기울이고 있다.

그러니 당신이 어떤 트라우마를 갖게 되었든 그것을 이겨내는 것만 생각할 것이 아니라, 애도나 해소가 충분히 되었는지 틈틈이 살피는 필요가 있다.

상처를 주지 마세요

누군가 자신의 단점에 대해 지적할 때 기분이 나쁜 걸 넘어서서 슬픔을 느낀다면 그건 자신이 줄곧 단점으로 여기고 있었던 것을 들켰기 때문이다. 안 그래도 스스로 별로라고 생각했던 부분을 누군가 지적을 하니 감정적으로 폭발하게 되는 거다. 하지만 누군가가 단점이라고 지적해도 별 타격을 받지 않고, 나를 아끼는 사람들도 그 말에 동의하지 않으면 그건 그 사람만의 의견이라고 생각하며 넘길 수 있다. 타인의 의견의 진위를 구별하는 것은 결국 자신의 가치관에 달린 것이다.

사람은 타인을 만났을 때 처음에는 자신과 반대인 모습에 끌리다가 관계가 오래 지속될수록 그 반대되는 점 때문에 부딪힌다. 여기서 문제가 생긴다. 누구나 장점도 있고 단점도 있는데 함께하면서 자꾸 단점을 보고 그 단점을 품어주지 못하는 사람을 곁에 둬야 할 이유가 있을까. 나의 장점을 더 봐주고 단점을 품어주는 사람들을 곁에 두고 그 사람들과 잘 지내는 것만으로도 시간이 모자르다.

　정말 현명한 사람은 애초에 그런 사람을 곁에 두지 않고, 곁에 둔 사람의 몰랐던 면을 뒤늦게 발견하면 그때라도 관계를 정리한다. 그런 사람에게는 내 장점을 더 봐 달라고 얘기하지 않고 한 번에 미련 없이 돌아서는게 가장 큰 복수다. 만약 관계를 끊어내고도 그 사람에게 들었던 말이 마음에 남아서 힘들다면, 그 말을 객관적으로 볼 필요가 있다.

　예를 들어 스스로도 마음에 안 들었던 부분인데 상대

가 지적을 하면 더 큰 상처를 받는다. 이미 알고있는 단점은 상처받고 끝나는 게 아니라 마음에 들지 않는 부분을 바꾸기 위해 노력하면 된다. 다만, 그 상대를 위해서가 아닌 온전히 나 자신을 위해서. 스스로 문제가 없다고 생각하는 부분인데 상대가 지적했을 때는 무시하면 된다. 그런 말 하나하나를 다 마음에 품고 살면 자존감은 떨어지고 마음에 병이 생긴다.

그러니 '그 사람은 나를 그렇게 봤구나. 하지만 나는 그런 사람이 아닌데?'라고 생각하는 패기가 있어야 한다. 상처를 받을 일은 언제고 찾아올 수 있지만 상처도 걸러서 받았으면 한다. 아무나 상처주도록 허락하지 말고.

온전한 내 것을 만드는 일

글쓰기 수업을 할 때 첫 시간에 수강생들에게 마인드맵을 해보자고 제안할 때가 있다. 글 쓸 소재를 떠올리게 해주고, 생각을 확장시켜 글의 내용을 풍부하게 만들어주기 때문이다. 먼저 머릿속에 있는 단어를 마인드맵으로 꺼낸 뒤에는 그 단어를 자신만의 이야기로 자연스럽게 풀어서 쓰는 방법을 알려준다.

어떤 것을 떠올릴 때 이유를 함께 생각하면 자신의 것을 단단하게 만드는 데 도움이 된다. 어떤 게 좋은데 그냥 좋다고만 하면 그 좋은 감정 하나만을 느끼는 것으로

이제 착하게 살지 않겠다는 다짐

끝난다. 하지만 왜 좋은지를 생각해서 이유를 적어보고 그것과 연관지어 내가 좋아하는 건 또 뭐가 있을까, 언제부터 좋아졌을까 등을 적어보면 생각을 풍부하게 발전시킬 수 있다.

생각을 양적으로 많이 하는 게 아니라, 질을 높이는 과정이다. 생각을 생각으로만 끝내면 잡생각이 많은 사람이 되지만, 그 생각을 발전시키면 다양하고 깊은 생각을 하는 성숙한 사람이 되는 거니까. 마인드맵뿐만 아니라 생각을 발전시키는 작업을 하다 보면 자신에 대해 자세히 알게 된다. 또 생각을 정리할 수 있고 설명을 잘하는 능력으로 발전시킬 수도 있다.

간혹 어떤 것에 대해 생각한 건 있는데 그걸 다른 사람에게 잘 정리해서 말하기 어렵다면, 그것을 완전히 자신의 것으로 소화하지 못했기 때문이다. 수학 문제를 푸는 것과 같다. 제대로 이해하고 풀어야만 누군가에게 풀이 과정과 결과까지 전부 설명할 수 있고 응용문제도 풀 수 있는 것처럼 말이다. 하지만 수학과 다른 건 공식이 아니라 '자신의 방식'으로 이해하고 설명할 줄 아는 게 중요하다는 점이다. 그래야 다른 사람을 설득할 수 있다.

늘 쓰는 것을 강조하니 나에게 와서 이런 말을 하는 사람들도 있었다. "저는 매일 쓰는 게 어려워요." 꼭 매일 써야 하는 것은 아니다. 가장 어리석은 건 하다 마는 게 아니라 정말 생각만 하는 거니까. 책을 머리맡에 두거나 가방에 매일 넣어 다니면 어느 날에는 한 페이지라도 읽게 되기 마련이다. 그러니 매일 해야 한다는 부담을 내려놓고 언제든 자신을 위한 기록을 할 수 있도록 준비를 해두자.

격정은 다정하게

×[×]

격정을 다정하게 표현해주면 좋겠다는 생각을 많이
하며 자랐다. 흔히들 경상도 사람이 무뚝뚝하다고 하지
만, 우리 집도 그에 못지않게 표현에 서툰 사람들이 모
였기 때문이다. 더 속상한 건 그렇게 듣고 자라 그런지
집 밖에서 가끔 내가 싫어하던 방식으로 소통하는 것을
깨달을 때가 있었다. 나도 모르게 무뚝뚝하게 반응하는
것을 조심하면서 열심히 내면의 다정함을 꺼내 주변 사
람들에게 베풀었다. 그러면서 가족들이 좀 다정한 방식
으로 표현해주면 좋겠다는 생각을 많이 했다. 실제로 가
족들에게 이런 이야기를 한 적도 있었다.

이야기를 꺼내고 한참이 지난 후에 돌아온 아버지의 대답은 나도 이렇게 듣고 자라 표현이 잘 안 되는 거 같다는 말이었다. 그 얘기 듣고 많이 울었다. 돌아가신 할아버지 생각이 나기도 했고, 딸에게 표현이 서투를 수밖에 없었던 아버지의 마음을 조금이나마 헤아릴 수 있게 되었기 때문이다. 물론 그 이후에 서운함이 완전히 사라진 건 아니지만, 부모를 떠나서 아버지를 사람으로 이해하다 보니 그러려니 하게 되는 부분들이 생겼다.

원하는 것을 바라기보다는 '내가 더 이해해야겠다'는 생각이 잡히니 원망도 조금씩 사라졌다. 그래도 서운함이 생길 때는 '아버지에게 애정이 있어서 여전히 기대하게 되는구나.'라고 생각한다. 사랑받고 싶지 않은 대상에게는 기대조차 하지 않는다. 누울 자리를 보고 다리를 뻗는다는 말처럼 본능적으로 나를 사랑해줄 수 있는 사람인 걸 알고 있을 때 기대감도 생기는 거니까.

그렇다고 나와 비슷한 환경에서 자란 사람들에게, 부

모님께 이유를 물어봐야 하고 어떤 이유든 듣고 나면 모든 걸 이해하라는 얘기를 하고 싶은 건 아니다. 내가 원하는 방식이 아니더라도 그 바탕에 사랑이 있다면 가끔은 모든 기대와 원망을 내려놓을 수도 있다는 것이다. 가족이니까.

잊고 있던 사실을 상기하는 것만으로 조금은 마음이 풀어지고 이해의 폭도 넓어진다. 마음의 문은 그럴 때 더 열린다. 자꾸만 원망하는 마음이 든다면 누구든 내가 원하는 방식으로만 나를 대해주길 원하지는 않았는지 한 번쯤 돌아보면 좋겠다.

말의 무게와 그 책임

책임이란 말의 무게를 진심으로 알게 된 건 그리 오래 되지 않은 것 같은데, 무언가 나를 짓누르고 있던 때를 돌아보면 거기엔 늘 책임이 포함되어 있었다. 책임질 수 있는 일만 하며 살 수 있는 게 아니라서. 해결되지 않은 문제들이 터져 몸과 마음을 괴롭힐 때마다 책임지지 않는 삶은 부질없다고 느꼈다.

그 이후로 한동안 책임질 수 있는 일만 하고 움츠러든 채 지냈지만 그런 건 아무 의미가 없다고 느끼는 순간이 찾아왔다. 감당하기 어려운 것까지 책임지고 해내는 순

이제 착하게 살지 않겠다는 다짐

간이 모여 생을 더 촘촘하게 만들어준다는 것을 알게 되었기 때문이다. 그 후로 내게 책임은 더더욱 회피하면 안되는 것, 기꺼이 해야만 하는 것이 되었다.

책임이 두렵다는 이유로 돌아서 가는 길을 선택하지 말자. 책임을 기꺼이 지고 해결해야만 다음으로 나아갈 수 있다는 걸 잊지 말자.

Chapter 2

나를
일으키는
약간의
위로

장점만 있는 사람은 없으니까

×ˣ

어쩐 일을 할 때 장단점을 적어보는 건 큰 도움이 된다. 첫 번째는 인연을 정리하는 게 어려울 때다. 아닌 걸 알면서도 끊어내지 못하는 관계에 대한 고민이 클 때 적어보면, 지금껏 그 사람을 곁에 둔 이유와 곁에 두지 말아야 하는 이유가 정리된다. 사람 사이의 관계가 이어지려면 장점은 단점을 상쇄할 수 있어야 한다. 관계를 지속하려는 의지가 사라져갈 때 장단점을 적다 보면 마음이 결론을 내린다. 관계를 유지해야 하는 이유와 유지하기 어려운 이유가 명확해지기 때문에 앞으로 관계의 방향을 정리하는 마음 정리가 조금은 수월해진다.

장단점을 적으면서 내가 몰랐던 것, 알지만 모른 척했던 것이 정리됐다면 그다음은 나에게 이 사람의 단점을 상쇄시킬 만한 에너지가 아직 있는지, 장점을 장점으로만 볼 수 있는 믿음이 있는지 생각해봐야 한다. 감정적인 상태라 여러 상황, 타인의 의견, 갈팡질팡하는 감정에 휘둘리기도 하고 관계 정립에 대한 어려움을 겪고 있을 수 있다. 그럴 때 장단점을 적고 받아들이는 모든 과정이 이성적인 면을 깨우도록 도와줄 것이다.

두 번째는 관계를 끊어내거나 인연이 정리된 다음이다. 4년째 이어오고 있는 텍스트 테라피 상담은 보통 일주일 간격으로 진행되는데, 내담자에게 일주일 동안 고민해서 다음 상담 시간까지 '자신의 장점과 단점 각각 10가지 써오기'를 숙제로 내줄 때가 있다. 이 숙제를 하는 사람은 최근 이별을 맞이했다는 공통점이 있다. 이별한 지 얼마 되지 않은 사람들은 관계에 실패했다는 패배감과 깊은 관계였던 사람을 잃은 상실감에 객관적으로 자신을 바라보지 못할 가능성이 높다. 일주일이 지나 적어온 내용을 보면, 단점은 10가지 이상을 쓰면서도 장점은 10가지를 미처 채우지 못한 사람도 있고, 누군가는 장단점 모두를 아주 구체적으로 써오기도 한다. 쓰면서 어떤 생각을 주로 했는지를 꼭 물어보는데 가장 많이 들은 말은 '장점도 단점이 될 때가 있고 단점도 장점이 될 때가 있는 것 같아요.'다.

그렇다. 모든 장단점은 명확하게 장점과 단점으로만 작용하지 않는다. 장점이 단점이 될 때가 있고 단점이 장점이 될 때도 있다. 어떤 상황에서 어떤 사람에게 어떻게 쓰이게 될지 모른다. 숙제로는 10가지씩 적어오라고 했지만, 사실 우리는 10가지가 훨씬 넘는 장점을 가지고 있다. 다만 아직 발견하지 못했거나, 인지했어도 그걸 장점이라고 인정하지 않았을 뿐이다.

그래서 장단점에 대한 업데이트가 꾸준히 필요하다. 자신에 대해 자주 생각하고 정리하는 시간을 가지면서 말이다. 새롭게 알게 된 것들을 기록하며 자신에 대해 더 깊게 알아가고, 장단점을 점검하며 자기 자신에 대한 기준을 너무 높게 잡고 있는 건 아닌지 돌아보는 거다. 타인에게는 관대하지만 자신에게 유독 엄격한 사람들이 꼭 이 기록을 했으면 한다.

칭찬을 인정하기

한 친구가 나에게 '용감한 겁쟁이'라는 별명을 붙여 줬다. 나는 무언가를 시작할 때 수없이 시뮬레이션을 돌려보며 생각하고 걱정하기 때문에 막상 시도했을 때 용감한 사람이라고 생각해본 적이 없었다. 준비하는 과정에서 얼마나 겁쟁이였는지를 나 자신이 가장 잘 알고 있기 때문이다. 그러니 고민하고, 수많은 시나리오를 써내려가며 걱정하던 과정을 다 듣고 결과까지 본 친구가 나를 용기 있는 사람으로 봐주는 경험은 정말 귀했다.

그때 처음 깨달았다. 준비하는 과정에서 많이 고민하

고 망설였어도 무언가를 결정하고 그 결정에 따라 앞으로 나아간다는 것 자체가 멋진 일이라는 걸. 그러니 걱정이 많아 오래 고민하다가도 결단이 섰을 때의 행동력을 생각하면, '겁쟁이'가 아닌 '용감한 사람'에 가깝다는 걸 말이다. 친구의 칭찬 덕분에 나의 장점을 더 깊게 생각해볼 수 있었다.

고민이 많은데 결정을 내리면 바로 실행을 하는 좋은 정점을 가졌다는 사실을 깨닫고 나자, 모든 것은 용기라는 생각으로 이어졌다. 내가 나아가고 싶고, 변화하고 싶다면 나가서 뭐라도 해야지 원하는 삶의 방향에 가까워진다. 그렇게 부딪히고 도전하면서 독립적이고 주체적인 성취를 많이 해 본 사람일수록 삶을 더 잘 살아가게 된다. 나는 나에게 그런 기회를 계속해서 줘야 한다는 결론에 도달할 수 있었다.

이런 결론을 낼 수 있었던 건, 친구가 해준 칭찬을 온전히 받아들였기 때문이다. 타인이 건넨 칭찬을 인정하고 흡수할 줄 아는 건 중요하다. 누군가 아무리 나의 장점을 칭찬하더라도 내가 인정하지 않는다면 그건 장점이 될 수 없다. 나아가 그 장점을 기반으로 내 삶을 더 풍부하게 만들 기회 또한 놓칠 수밖에 없다.

그러니 타인에게는 칭찬을 건네고 반대로 자신이 칭찬을 받았을 때는 온전히 받아들이는 연습을 하는 것이 중요하다. 칭찬은 두 가지로 나뉜다. 첫 번째는 나 자신도 장점이라고 생각해왔던 것, 두 번째는 내가 아직 발견하지 못했거나 장점으로 인정하지 못한 것. 장점을 이미 알고 있는 나도, 아직 모르는 나도 모두 소중하다. 곁에서 그걸 발견해주는 사람은 나를 따뜻하고 열린 시선으로 봐주고 있을 것이다.

나도 소중한 사람들을 다정하고 열린 시선으로 바라보며 그들이 이미 알고 있는 장점을 칭찬해주고 모르는 걸 알려주기도 하면서 선한 영향력을 주고받을 수 있으면 좋겠다. 인정과 칭찬을 받는 경험을 많이 쌓아 올리다 보면 내가 가진 장점이 극대화된 삶을 살게 된다. 그렇게 칭찬하고 칭찬받는 게 자연스러운 사람이 될수록 삶이 풍부해진다는 걸 모두가 알았으면 하는 마음이다.

겸손함은 중요한 미덕이기에 누군가가 해주는 칭찬에 부끄러워하며 손사래를 칠 수 있다. 하지만 마음 깊은 곳에서는 그 칭찬을 확실하게 내 것으로 삼는 것을 잊지 말자.

자신에 대한 믿음

×ˣ

영혼 없는 공감에 불같이 화를 내던 시절이 있었다. 삶에 불만이 많기 때문이라는 말 하나로 압축해버려 진짜 이유는 찾지 못하던 때. 시간이 지나며 저절로 알게 된 것은 그때 내 안에 이해받지 못할 거라는 생각이 있었기 때문이었다. 자기 확신이 없었던 나는 나를 아끼고 사랑한다는 사람들에게서 확신을 찾으려고 했고, 그 대답의 수준이 나에 대한 애정과 비례하다고 여겼다. 그런 생각을 바탕에 깔고 있는 채로 말하고 질문하다 보니 상대가 노력하고 있다는 사실은 잊고 감정적으로 굴 수밖에 없었던 것이다.

확신은 자신으로부터 나와야 한다. 누군가의 응원과 위로에 잠시 기대고 쉬어갈 수는 있지만 종착지는 나를 믿는 것이니까. **진심으로 위로 받을 기회는 자신을 믿는 것에서 시작된다.** 자기 확신이 없는 채로 듣는 말은 신뢰할 수 없고, 타인의 행동은 의심스럽다. 자신에 대한 믿음이 탄탄하게 자리잡아야 맞는 걸 맞게, 아닌 걸 아니게 볼 수 있다.

그러니 유독 화가 많아지는 시기에는 자신을 믿고 있는지 점검해보는 시간이 필요하다. 자꾸 끓어오르는 화의 원인이 사실은 나에 대한 믿음 부족에 있는 것은 아닌지 돌아보자. 누군가 나를 이해하지 못할 거라는 생각이 자기 확신의 부재에서 온다는 걸 깨닫고 나면 가장 먼저 해야 할 일이 무엇인지 알게 될 것이다.

우선순위를 점검한다

×˟

오래 연애를 하다가 이별을 맞이한 경우나 오랜 친구와 멀어지게 된 경우에 "그 사람이 말한 단점을 고쳐야 할까요?"라고 묻는 사람들이 있다. 예를 들어보자. 당신은 상대에게 서운한 점을 얘기할 때, 최대한 듣는 사람의 마음이 상하지 않도록 돌려서 말하는 스타일이다. 그런데 상대방이 "넌 너무 답답하게 얘기해."라고 말했다면 그때부터 당신의 배려가 치명적인 단점이 되는 걸까?

장점이 누군가에게는 단점일 수 있고, 단점이 누군가에게는 장점일 수도 있다. 그러니 오랜 시간 관계를 맺

어온 사람이 평가한 것이라고 할지라도 무작정 고쳐야 하는 단점은 아니다. 그래도 무언가를 해야겠다면 그 장점이 제대로, 기능을 할 수 있도록 다듬는 노력 정도는 해도 좋겠다.

또 하나 생각해봐야 할 점이 있다. 자신이 가진 장점 앞에 '나를 챙기지 않으면서'라는 말을 붙여보자. 나를 챙기지 않으면서 남을 배려하고, 나를 챙기지 않으면서 남을 잘 도와주고, 나를 챙기지 않으면서 친구들의 고민을 잘 들어주는 것. 그런 것들이 의미가 있을까? 오히려 나중에 내가 그렇게 배려하고 도와주고 고민까지 들어줬던 대상이 나보다 자신을 더 챙기는 걸 보고 실망하거나 상처받을 수 있다.

세상에 자기 자신보다 더 챙기고 배려해야 하는 존재는 없다. 그게 가족이라고 할지라도 말이다. 피가 섞인 사람을 포함해 세상 모든 것들로부터 자신을 지켜야 한다. 그래야 온전히 자신으로 행복하게 살 수 있다. 자꾸 희생하고 낮추고 남을 더 신경 쓰다 보면 삶이 내 중심으로 돌아가지 않는다. 착한 것은 좋지만 스스로에게 제일 착해야 하고, 배려심 있는 것은 좋지만 자신을 가장 배려할 줄 알아야 한다.

자신을 우선한다고 해서 아무도 욕하지 않는다. 만약 "너는 왜 그렇게 이기적이고 나는 안 챙겨?"라고 말하는 사람이 있다면 그 사람을 인생에서 내보내는 게 맞다. 그렇게 한다고 해서 나쁜 사람이 되는 것도 아니다. 그저 자신을 잘 지키며 사는 사람이 될 뿐이다.

자꾸 자신을 낮추는 것, 누군가를 배려하고 희생하는 것이 습관이 되면 자신을 챙길 시간은 부족해진다. 그러니 앞으로는 '나 이기적으로 살 거야!'라는 다짐을 꼭 하길 바란다. 아끼는 사람들에게는 더 참아주고, 이해해주고, 배려해줄 수 있다. 그러나 극단적이면 안 된다. 자신을 무엇보다 가장 중요한 0순위에 두는 것을 잊지 않으면 좋겠다.

내가 바로 서 있지 않으면 사소한 것도 큰 걸림돌이 되고, 살아가고 싶은 모습과 점점 멀어지게 된다. 그러니 휘청이더라도 넘어지지 않도록 중심을 잘 잡아야 한다. 중심을 잘 잡는 건 흔들려도 제자리를 찾는 과정을 소홀히 하지 않는다는 것이고, 자신을 언제나 가장 우선순위에 두어야 가능하다.

나를 사랑하는 법

×ˣ

1. 어렴풋이 아는 것을 내 것으로 만들기

살면서 이런저런 일을 겪다 보면 느끼는 것이 있고 그
것을 '온전한 내 것'으로 만들려면 나만의 방식으로 정
리하는 시간이 필요하다. 스쳐 지나가는 생각을 붙잡아
기록하고 반성도 하고 마음에 새기는 과정이다. 사람의
기억은 생각보다 덜 정확하고, 시간이 지날수록 기억의
왜곡도 일어나고, 그러다 보면 기억하고 싶다는 의지는
꺾이기 마련이다. 뭐든 나의 것으로 만들려면 어렴풋하
게 두면 안 된다. 좀 더 확실한 게 필요한데 그 수단으로
나는 기록을 택했다.

기록의 중요성은 이전 책들에서도 글쓰기의 위대함과 선한 영향력을 설명하며 강조해왔다. 일기, 기분 날씨 노트, 칭찬 노트에 이어 올해는 소비록과 꿈 노트를 추가했다. 무언가를 사는 데에 고민을 적게 하는 편이 아닌데도 가끔 거침없이 쇼핑을 하는 걸 느꼈다. 그 시기에는 유독 꿈에 다양한 사람들이 나오고 범죄와 연루되어 쫓기는 스토리가 반복되는 걸 어렴풋이 파악했다. 둘 사이의 연관성을 찾기 위해 새로운 기록을 늘린 것이다.

소비록을 작성하니 어떤 시기에 유독 소비가 많은지, 그 시기에는 어떤 특징이 있는지 파악할 수 있었다. 꿈 노트도 꾸준히 작성하다 보니 꿈 내용이 유독 험하고 기억이 오래 남는 시기는 내가 원고 마감과 같은 일적으로 스트레스를 받거나 인간관계에서 고민이 있는 때라는 공통점을 발견할 수 있었다. 이런 기록은 내 상황을 파악하는 데에만 그치는 것이 아니었다. 쇼핑 충동이 일어날 때면 소비록을 읽으며 꼭 지금 사야 하는지 한 번 더 생각하게 되었고 충동구매의 예방도 가능해졌다.

다양한 기록을 통해 나를 더 섬세하게 알아가고, 개선하고 싶은 모습을 연구하면서 스스로를 더 사랑하게 되었다. 기록으로 나를 더 잘 파악하는 일은 아주 중요하다. 자신에 있어서는 대략적인 것 말고 확실히 마주하는 자세를 갖자. 자신에 대해 누구보다 잘 알고 그만큼 사랑하는 사람이 되자.

2. 인생의 목적을 찾기

글쓰기 수업을 수강하는 사람들에게 나는 늘 꿈을 묻는다. 꿈을 위해 어떤 노력을 하는지도 묻는다. 내가 듣기에 멋지지 않은 답변이 없었는데, 대부분 부끄러워하는 모습을 보였다. 물론 누군가에게 자신의 꿈을 입 밖으로 꺼내 말해야 하니까 그런 것도 있겠지만, 자신이 이미 멋진 꿈을 가졌다는 걸 모르는 사람도 꽤 있는 것 같았다. 또 아직 꿈을 찾지 못했어도 '원하는 삶의 모습을 찾기 위해 노력하고 있어요'라는 말도 정말 근사하게 들렸다.

꿈은 어떤 직업을 뜻하는 게 아니기에 인생의 목적과 연결되기도 한다. 사람에 따라 그 깊이와 횟수는 달라도 이 세상에 태어나 살아가는 목적을 궁금해한다. 꿈이 있는 사람들은 그 목적을 자기주도적으로 이끌어나가는 사람인 거다. 꿈을 이뤘을 때의 모습은 궁극적으로 살아가고 싶은 방향이기 때문에 삶에 대한 계획을 이미 멋지게 세웠다고 할 수 있다.

아직 꿈을 찾지 못했다고 해서 미래의 계획이나 목적이 없다는 뜻은 절대 아니다. 목표가 있는 사람은 지치더라도 그 정도가 깊지 않고 빈도가 잦지 않다고 했다. 물론 일찍 찾을수록 방황의 시간이 적어지는 건 사실이다. 그러나 얼마나 방황하든 인생의 목적을 찾고, 그 목적을 관통하는 꿈을 꾸고, 꿈을 이루기 위한 목표를 세우는 것을 차근차근 해내면 된다. 방황과 고민이 있기에 꿈이 더 멋지게 빛날 수 있음을 기억하자.

3. 나에게 주는 선물

요즘 내가 가장 관심 있는 것은 '최대한 나를 위한 공간을 만드는 것'이다. 내가 좋아하는 것들로 채워져 보기만 해도 기분이 좋아지고, 외로움을 덜 느끼고, 밖으로 나가지 않아도 만족스러운 하루하루를 보낼 수 있는 그런 공간을 만들기 위해 애쓰고 있다. 사실 나는 정리 정돈을 잘하는 편이 아니라서 처음 만족했던 상태 그대로 유지하는 일에 어려움을 겪지만 그것 또한 노력하고 있다. 나를 위한 공간을 만들고 유지하는 게 중요한 일이 된 가장 큰 이유는 그게 열심히 사는 나에게 주는 보상이기 때문이다.

하나 더 매달 나에게 작고 큰 선물을 준다. 내가 갖고 싶었던 것을 선물하거나, 좋아하는 음식으로 맛있고 건강한 한 끼를 마련하거나, 숙면을 위한 환경을 제공한다. 일주일에 한 번, 한 달에 한 번씩 꽃을 보내주거나 책을 보내주는 등의 서비스를 이용해도 좋다. 내가 결제를 했어도 선물을 받는 기분을 충분히 누릴 수 있다. 열심히 움직였다면 반드시 보상이 있어야 한다. 자신의 경제 사정과 기호에 맞추어 나를 행복하게 만들어주는 것이면 어떤 것이든 좋다.

사람 말고도 사랑을 담을 수 있는 것이 세상에는 너무나 많다. 사람에게 유독 지쳤을 때, 나를 위한 선물을 준비하며 마음을 쓰다듬어보자. 삶의 불안함 속에서 길을 찾으려고 노력하며 기뻐할 일을 선물하면 때로는 더 기분 좋은 일이 생기기도 한다.

4. 자신을 조건 없이 사랑하기

"내가 왜 좋아?", "내 장점은 뭐야?" 20대 내내 연애할 때마다 상대에게 이렇게 물어왔다. 상대가 나의 무엇을 장점으로 느껴 만남을 지속하는지 궁금해했다. 자존감이 낮을 때는 '나라면 나를 만나지는 않을 텐데.'라는 생각도 했으니까. 그만큼 스스로를 좋은 사람으로 인식하지 못하고 살았다.

하지만 연애라는 깊은 관계를 맺으며 만났던 사람에게 늘 좋은 사람이라는 말을 들었다. 이건 최근에 깨닫게 되었는데, 그들은 좋은 사람이라고 생각한 나를 조건 없이 사랑해줬던 거다.

그렇다면 나는 나를 조건 없이 사랑해줬는가? 그 물음에 대한 대답을 찾으려 오랜 시간을 보냈다. 생각해보면 나는 나를 사랑하는 데에 자꾸만 조건을 붙이려고 했다. 무언가를 잘 해냈으니까, 힘든 시기를 잘 넘겼으니까, 나를 사랑한다는 사람이 떠났으니까 등등 이유도 다양했다.

'~했으니까 이제 나를 사랑해야지.' 나를 사랑하는 일에 조건을 붙이지 말자. 나만은 자신을 조건 없이 맹목적으로 사랑해줘야 하는 사람이다. 부모님의 사랑처럼 말이다. 자신을 조건 없이 자연스럽게 사랑할 수 있도록 지금부터 노력해보자.

나를 일으키는 약간의 위로

에너지 저전력 모드

1. 진정한 휴식을 하기

사람들이 아무것도 하지 않으며 보내는 시간은 생각보다 적다. 특히 요즘은 아무것도 하지 않는다는 것이 누워서 유튜브를 보는 시간이라고 생각하는 사람도 꽤 많을 거다. 진정한 휴식이란 시간을 흘려보내는 것이 아니라 에너지를 충전할 수 있어야 한다. 외부의 것 대신에 내 안에 남은 에너지에 집중해 자신을 온전히 쉬게 만들어야 한다는 뜻이다.

말은 쉬고 있다고 하면서 끊임없이 무언가를 하는 사

람은 다시 밖으로 나갔을 때 쉽게 지칠 수 있다. 자신이 정확히 왜 피곤한지 이유도 모른 채 말이다. 지쳤다고 느꼈을 때에야 휴식을 주는 것이 아니라 조금이라도 충전이 필요하다 싶을 때 틈틈이 가장 편안함을 느끼는 것으로 그 시간을 채워나갔으면 좋겠다.

진정한 휴식이란 시간을 때우는 것도 아니고, 다양한 정보를 주입하는 시간도 아니다. 몸뿐만 아니라 마음도 편해야 하고, 은은한 미소를 지을 수 있을 정도의 상태가 되어야 한다는 걸 잊지 말자.

2. 가끔은 주변의 도움을 받기

독립적인 성향이 강한 사람들은 타인의 도움을 거부하는 경향이 있는데, 때로는 누군가가 먼저 내미는 손을 잡을 줄도 알아야 하고 도움을 거부하지 않고 받아들일 필요도 있다. '세상은 원래 혼자다', '자신의 일은 자신이 알아서', '타인에게 약점을 보이고 싶지 않다' 이런 마인드가 틀린 건 아니지만, 그 안에만 갇히면 안 된다.

도움을 주고받는 경험은 귀하다. 나에게 손을 내민 사람이 귀인이 될 수 있고, 나 또한 누군가에게 귀인이 될 수 있기 때문이다. 세상은 그렇게 도움을 주고받으며 살아가는 곳이며 혼자, 또 함께 나아간다. 그러니 그런 경험이 많이 쌓여 삶이 따스해지도록 누군가를 돕고 또 자신을 도울 기회를 주길 바란다.

3. 기분에 탄력을 주기

너무 많은 감정을 느끼는 시기를 보내고 나면 모든 것에 무감각해지는 시기가 찾아온다. 보통 무기력하다고 말하는데, 이때가 위험한 이유는 회복력을 잃어버리기 때문이다. 탄력을 잃은 기분이 회복되지 못해 몸과 마음이 축 늘어진다.

건강한 상태의 기분은 고무줄처럼 늘어났다가 줄어

들었다가 한다. 늘어나고 줄어드는 감정의 기복이 너무 심하면 안 되지만, 그보다 다양한 기분을 느낄 수 없는 시기가 더 위험하다. 충분히 슬퍼하는 것, 마음껏 기뻐하는 것, 필요할 때는 화도 내는 것. 기분에 따라 감정을 표현하고, 감정에 따라 기분을 느껴야 한다.

살다 보면 무기력한 시기가 온다. 솔직한 사람을 솔직하지 못하게 만들고, 때로는 스스로 솔직해지는 것을 거부하기도 한다. 그러나 나만큼은 나에게 언제나 솔직해야 하며, 기분이 탄력을 잃지 않도록 계속 신경 써줘야 한다. 그래야 무기력한 시기가 덜 찾아오고 극복도 가능하다.

4. 감정 절약하기

사람과 상황에 감정을 쓰는 게 불편한 시기가 있다. 그럴 때는 누구에게도 말하지 않고 간접적으로 드러내지도 않은 채 혼자 삭히고 지나간다. 말해야 할 것만 같은 기분에 사로잡히는 날도 있지만, 그러지 않는 편이 모두에게 좋을 것 같다는 결론을 내리기 때문이다. 누군가에게, 또 자신에게 감정 소모를 해야 한다는 것조차 피곤하고 힘들 때는 잠시 모든 걸 묻어둔 채 지내는 게 도움이 된다.

꼭 필요한 말만 하고 해야 하는 대답만 하며 지내다 보면, 굳이 하지 않아도 될 말과 느끼지 않아도 되는 감정을 잘 구분하게 된다. 그러다가 내뱉는 것보다 삼키는 게 더 불편해지는 때가 오면, 그때 편하게 말을 하고 감정을 표현하면 된다. 뭐든 지나치게 소모된다고 느끼는 시기에는 최대한 아끼는 게 모두를 위한 일이다.

거절이 필요한 순간

✕

    피플 플레져people-pleasure라는 용어가 있다. 사전적 정의로는 '남의 비위를 맞추는 사람'이라는 뜻으로, 주변에 누가 있는지에 따라 성격이 바뀌고 자주 사과하며 동의하지 않는 데도 동의하는 척을 하는 사람들을 가리키는 말이다. 여기에 속하는 사람들은 거절하는 것을 매우 어려워한다. 거절하면 상대에게 상처를 주거나 관계가 안 좋아질 거라는 생각을 갖고 있기 때문이다. 하지만 상대에게 정중하고 현명하게 거절한다면, 그들이 생각하는 것처럼 심각하고 나쁜 일은 일어나지 않는다.

거절을 잘하지 못하면 손해를 보면서까지 도와주게 된다. 다른 사람들을 만족시키기 위해 자신을 희생하지 말고, 그들을 존중하면서도 자기 자신에게 가장 충실한 것 사이의 균형을 맞추는 게 필요하다. 그게 바로 거절을 해야만 하는 이유다.

어떤 부탁이든 당신에게 부탁을 한다는 것은, 당신이 믿음직한 사람이고 자신의 부탁을 들어줄 만한 능력을 갖춘 사람이라고 생각한다는 뜻일 거다. 부정적인 생각을 갖고 있는 사람에게 부탁할 리는 없으니 말이다. 그러니 그것만으로 정중하게 거절해야 할 이유는 충분하다. 상대가 기분 상하지는 않도록 예의 바르게 거절할 줄 알아야 한다.

자신이 피플 플레져라는 생각이 들면 먼저 포기하는 법을 먼저 배워야 한다. 지금은 다른 사람에게 다 맞춰주며 관계에 집착하고 있을 가능성이 크기 때문이다. 자신이 무엇을 피하려고 애쓰고 있는지를 살피고, 나만 희생하면 다 괜찮을 거라는 생각부터 버려야 한다. 특히나 무너져가고 있는 관계를 애써 붙들고 있는 중이라면 더더욱. 그간 주변을 환하게 만들기 위해 자신의 삶을 얼마나 어둡게 만들었는가 생각해보자.

가끔은 나도 여유가 필요해

×[×]

나는 스스로를 몰아붙이고 나태해지지 않도록 계속해서 일을 벌이는 스타일이다. 그게 나를 끊임없이 발전하게 해주었지만, 문제는 그냥 쉬고 있을 때에는 불안함을 느끼게 했다. 완벽해지고 싶어 애쓰는데 휴식은 완벽하게 하지 않으니 여유를 잃어갔다. 끊임없이 변화하고 발전하긴 하지만, 무언가 채워지지 않는 걸 계속 느끼면서 완벽과는 점점 더 멀어졌다.

그래서 여유를 갖기 위한 노력을 시작했다. 저마다 자신에게 맞는 여유가 있다. 잘 어울리고 누릴 수 있는 여유가. 그러니 남들이 가진 여유를 따라 하려고 하면 한계가 생긴다. 내 성향을 바꾸려고 하는 것이 아닌, 나의 고유함을 유지하면서 나에게 줄 수 있는 최대한의 여유를 만들어야 한다. 그 여유는 자신감 원천이 되어 주니까.

언제나 일을 벌이는 내게 완벽한 휴식이 너무나 필요했기 때문에 쉴 때 불안해하지 않는 것부터 연습했다. 나에게 꼭 필요한 거라고 생각하니까 자연스럽게 이런 생각이 들었다. '나는 이런 시간을 누릴 만한 자격이 있고, 이 휴식이 끝나면 다시 나의 스타일대로 열심히 삶을 굴려 나가겠지.' 하는. 그렇게 자신감을 먼저 심어주었다.

푹 쉬면서 자신감까지 손에 쥐니 휴식의 질은 더 높아졌고, 이전과 같은 방식으로 일을 하면서도 공허한 느낌이 사라졌다. 모든 면에서 완벽하고 싶은 사람이 밤을 새서 일하고, 일만을 생각하며 쉬지 않고 달린다고 해서

나를 일으키는 약간의 위로

꼭 목표를 이룰 수 있는 건 아니다. 설령 그렇게 원하는 바를 이루었다고 해도 건강에서 분명 탈이 날 거다. 몸과 마음 모두 건강한 삶을 이루기 위해서는 여유를 허락해야 한다는 걸 잊지 말자.

무작정 이해하는 것이 아니라
섬세하게 주의를 기울여주기

　어릴 때부터 '유별난 아이'라는 말을 들으며 자랐다. 당시 유행하던 말로 4차원이라고 불리기도 했고 다듬어지지 않은 예민함에 날이 서 있다가 즐거운 일에 또 금방 웃으니 친구들은 "너 조울증 아니야?"라면서 놀리기도 했다. 나에 대해 함부로 평가하는 말이나 장난은 듣고 싶지 않은데, 그렇다고 진짜 나를 숨기고 싶지도 않아서 그때부터 내적갈등이 시작됐다. 나는 왜 남들과 다른가 하는 고뇌를 할 수밖에 없었다.

　하지만 고뇌만 하고 있지 않았다. 여느 친구들과 다른

내 모습을 어떻게 할 지 고찰도 했다. 당시 나는 다이어리를 꾸미는 취미가 있었고 네이버 유명 카페에서 정보를 얻으며 활동하고 있었다. 카페 내에서 친구를 사귀고 우편으로 편지를 주고받는 게 유행이었는데, 그 친구들과 편지를 주고받으며 블로그에 발을 들이게 되었다.

블로그에는 나와 비슷한 친구들이 꽤 있었다. 그리고 그곳에서는 너무도 자연스럽게 서로의 개성을 인정해주었다. 그 점이 마음에 들어 그때부터 블로그 글은 전부 친구 공개로 한 뒤 나와 비슷한 사람들과 이웃을 맺고 소통을 이어나갔다. 친구들에게 하면 얘 또 엉뚱한 소리한다는 말이 나올 법한 이야기들을 블로그에는 자유롭게 올릴 수 있었다. 사춘기가 오면서 겉보기에 남들과 비슷하게 행동하려 눈치껏 노력했기 때문에, 진짜 내가 어떤 사람인지 알고 싶은 마음은 잘 눌러두었다가 블로그를 통해 표출했다.

말하자면 그때부터 나의 이중생활(?)이 시작된 거라

고 할 수 있겠다. 그런 활동이 미래에는 회사 생활을 하며 인스타그램 계정을 운영하던 것으로 바뀐 거니까. 어릴 때부터 나의 생각이나 행동을 진심으로 공감받기 어렵다는 것을 눈치채고 학교나 회사에서는 친구들과 동료들에게 적당히 맞추며 지내고, 속마음은 다른 곳에 표현하는 생활에 익숙해졌다.

눈치 빠른 어린아이가 된 이유가 남들이 나를 이해하는지, 아닌지를 살피려고 했던 거라고 생각하면 스스로가 좀 안쓰럽기도 했다. 하지만 모든 것에는 장단점이 있듯, 그런 성향은 타인의 감정과 기분을 눈치채는 것이 굉장히 빠르고 나와 비슷한 생각을 하는 사람을 파악하는 것에도 도움이 되었다. 어릴 때부터 생각이 많아 보이는 친구에게 다가가 무슨 생각을 하는지 물어보고 고민이 있으면 얘기해도 좋다고 말한 것만 봐도 그랬다.

타고나길 예민하고 유별난 아이는 그렇게 섬세한 감정선을 진심으로 이해할 줄 아는 사람이 되었다. 그러나 내 방황은 사춘기 이후로도 좀 오래 지속되긴 했다. 스무 살 때부터 연애를 하면서 나라는 사람에 대한 진심 어린 이해가 필요해졌기 때문이다. 사랑한다고 다 이해할 수 있는 건 아니고, 많은 부분을 이해한다고 다 사랑하는 것도 아니었다. 사람을 만날 때마다 마음에 상처는 늘어났다. 물론 그 시간으로 인해 사람, 사랑, 다름에 대한 내 이해의 폭은 더 넓어졌다.

온전히 나로 인정받고 싶다는 생각은 여전히 변함없다. 스트레스를 추진력으로 삼아 끊임없이 발전하고자 하는 내 성향은 이해의 영역에도 적용되었다. 이해받고 싶은 만큼 이해할 수 있는 폭은 넓어졌다. 개선과 완벽에 대한 열망이 이제 무작정 이해받고 싶은 마음은 서로를 이해하기 위해 섬세한 노력을 함께해 줄 사람을 찾고 싶다는 마음으로 바뀌었다.

나처럼 살면서 유별나다는 말을 꽤 들어왔고, 세상에 자신을 제대로 이해해줄 소울메이트를 만날 수 있을까 고민하는 사람이 있다면 계속 꿈꾸라고 말해주고 싶다. 찾기 어려운 것뿐이지 포기해야 할 만큼 불가능한 건 아니라고 말이다. 어떤 방식으로든 누군가에게 이해받으며 살 수 있다는 희망을 놓지 않길 바란다.

나를 일으키는 약간의 위로

감정적으로 단단한 사람

일어나지 않은 일에 대한 두려움을 극복하는 방법은 스스로 마인드 컨트롤을 하는 것뿐이다. 예상치 못한 일은 언제든 일어난다. 어떤 사람과 가까워지고 또 멀어지게 될지 모르는 것처럼 말이다. 어떤 관계에서든 변수는 생길 수 있고, 그때마다 예상과 달리 흘러가는 상황과 사람 사이에서 스트레스와 상처를 받는 것은 어쩔 수 없는 일이다. 나도 그럴 때마다 불안을 느꼈다. 그런데 시간이 지나고 보니 '아 내가 이 관계를 잘 이끌어가고 싶었구나. 그냥 끝내고 싶지 않았구나. 잘해보고 싶었는데 잘 안됐구나. 그 과정에서 많이 상처받았구나.' 이런 생각이 들었다.

깨달았다고 해도 관계의 변화에 초연해질 수 없겠지만, 내 예상과 다른 일이 생기더라도 성숙하게 잘 이겨낼 수 있을 것이라고 생각하면 좋겠다. 이런 다짐과 자기반성이 별 것 아닌 것 같아도 위기가 왔을 때 큰 도움이 된다. 문제가 생겼을 때 성숙하고 침착하게 반응할 수 있으려면 평소부터 마음의 힘을 길러놔야 한다. 현명한 사람들이 어떤 상황에서도, 어떤 사람 앞에서도 잘 헤쳐 나가는 건 평소에 그런 마인드 컨트롤을 통해서 불안함을 다스렸기 때문이다.

상담을 할 때 "이렇게 사소한 것도 말해도 될까요?"라는 질문을 많이 받는다. 이미 서운함을 느낀 부분에 대해 사소하다는 표현을 붙여 자신을 속 좁은 사람으로 만들지 말자. 서운하다는 생각이 들면 그런 일인 거다. 물론 상대는 왜 서운해하는지 이해하지 못할 수 있다. 하지만 그 서운함의 포인트가 다른 것뿐, 어느 한 쪽이 틀린 주장을 하는 것도 다툼으로 이어질 일도 아니다. 다만 서운함을 느꼈다는 것을 어떻게 전달하느냐가 문제인데, 혼자 앓지 말고 상대방에게 꼭 전했으면 좋겠다. 말하지 않으면 그 서운한 감정은 사라지지 않고 어딘가에 고이기 때문이다.

여러 날 고심해서 서운함을 털어놓아도 상대는 그 마음을 이해 못 할 수도 있다. 그래도 소중하게 생각하는 사람에게는 계속 이야기해야 한다. 친밀한 사이에서 차이를 좋게 풀어나가는 경험을 거듭하면 할수록 서로를 이해하기가 더 수월해지기 때문이다. 만약 상대방이 조심스레 꺼내놓은 서운함을 이해해보려고조차 하지 않는다면 그 관계를 다시 돌아보는 시간을 가져야 한다. 그 과정에서 피곤함, 서운함, 속상함까지 생길 수 있지만 그만큼 시간과 감정을 쓸 관계라고 생각하면 감수할 수 있을 것이다.

모든 관계는 노력 없이 이어지지 않는다. 그리고 가

까우면 가까울수록 더 노력해야 한다. 가까운 사이라고 상대가 싫어하는 행동과 말을 계속 해도 되는 건 아니니까. 상담을 하면서 갈등이 두려워 회피하는 성향의 사람들을 많이 만났다. 그들에게는 이렇게 얘기해준다.

"누가 맞고 틀리다는 걸 따지자는 게 아니라 내 가치관은 이렇다고 얘기할 수 있잖아요. 결국 서로를 이해 못하고 끝난대도요."

서운함을 이야기할 때 담백하게 나는 이런 것에 서운한 사람이고 이런 가치관을 가졌다고 설명하면 된다. 혹시라도 감정을 너무 많이 담아 마음 좀 제대로 알아달라는 식으로 얘기하거나 감정을 앞세워 눈물을 흘리며 서운함을 강조하면, 오히려 상대에게 감정이 온전히 전달되지 않을 확률이 크다. 이성적으로 이야기해야 상대방이 이해하기 쉽고, 자신의 입장에서 돌아보고 해석하는 기회를 줄 수 있다.

감정적인 사람들은 "저는 이성적으로 말하는 게 가장

어려워요."라고 말한다. 그러나 당장 올라오는 감정에만 집중하면 전달력은 떨어지고 상황을 악화시킬 수 있다. 먼저 관계를 지키고 싶다는 생각을 한 후에 천천히 의견을 전달하려는 노력을 하자. 그래도 어렵게 느껴진다면, 평소에 생각과 감정을 잘 다스려놓아야 한다.

그러려면 관계에 대한 조급함이 없어야 한다. '내가 이렇게 하면 상대가 내 마음을 알아줄 거야.'라는 식의 생각이 가장 위험하다. 상대가 내 마음을 알아주는 건 당연한 것도 아니고 항상 그럴 수도 없다. 어떤 관계든 애정의 크기와 이해의 정도가 무조건 비례하는 것은 아니니까. 그러니 상대가 나를 이해해줄 거라는 기대보다는, 자신의 의견을 잘 전달할 수 있고 대화를 통해 잘 해결할 수 있다는 자기주도적인 믿음부터 가져야 한다.

드라마나 영화에서 주인공이 어떤 상황에서든 당황하지 않고 자기 할 말을 당당하게 하는 그런 장면을 한번쯤 봤을 거다. 그런 여유는 그 상황에서 갑자기 즉흥

적으로 나오는 게 아니라 평소에 여유를 가지려고 노력했기 때문에 어려운 상황에서도 발휘되는 것이다. 그렇게 어떤 상황에서도 감정적으로 흔들리지 않는 여유가 준비됐다면 앞으로 이런 상황에서는 어떤 표정과 말투로 전달할지를 구체적으로 생각해둔다. 특히 감정이 쉽게 격해지는 사람일수록 표정과 말투가 드러나게 얼굴을 보고 얘기하기보다는, 문자나 편지로 적어보는 것도 좋다. 말하면서 순간 울컥하거나 화내기보다는 시간이 걸리더라도 차분하게 전달하는 것이 낫다는 것을 기억하자.

행복은 가까운 곳에 있다

긍정적으로 산다는 것은 밝은 척, 괜찮은 척, 아무렇지 않은 척 하는 게 아니다. 자신을 긍정적인 방향으로 이끌어나가며 사는 것이다. 출근하기 싫은 어떤 아침으로 예를 들어보자. 출근하기 전부터 '오늘도 바쁘겠지? 진짜 일하기 싫다'라는 생각을 하면 출근해서는 하루 종일 별로인 기분으로 일을 하며 보내게 될 것이다.

나는 예전에 회사를 다닐 당시, 퇴근하고 와인 마시며 좋아하는 드라마를 볼 생각으로 하루를 버티기도 하고 퇴근 후 곧장 달려가고 싶은 약속을 만들어 일하면서도 설렘을 느낄 수 있도록 했다. 어느 날은 단순히 이불에 딱 누워서 아무것도 하지 않는 내 모습을 상상하며 힘을 내기도 했다. 그러니 당신이 좋아하는 사람, 상황, 사물, 생각 어떤 것이든 다 괜찮다. 힘을 내기 어려운 앞과 뒤의 시간을 당신이 좋아하는 것으로 채우면 된다.

긍정적인 일상과 그 안에서의 힐링은 굉장히 사소한 데에 있다. 노을 보는 걸 좋아해서 즐겨듣는 플레이리스트를 재생한 뒤 해 지는 하늘을 배경 삼아 '아 오늘도 잘 살아냈다!'라고 생각하며 집에 가는 것을 좋아했다. 하지만 집에 가는 길에 '아 오늘 종일 짜증나고 너무 힘들기만 했네. 그냥 빨리 집에 가야지.'라고 생각했다면 창밖의 예쁜 노을은 발견할 수 없을지도 모른다.

하루를 시작하고 마칠 때의 마인드가 중요하고, 의식적으로 좋아하는 것들로 채우는 노력이 필요하다. 또 다른 하루를 예로 들어보자. 사람들 앞에서는 괜찮은 척, 밝은 척하며 신나게 웃고 떠들다 도착한 집. 현관에서 신

발을 벗다가 멍하니 서 있으니 꺼지는 조명. 굽어진 어깨, 축 늘어진 팔로 가방을 들고 방으로 가 침대에 털썩 앉는다. 옷을 하나씩 벗을 때마다 가면도 하나씩 벗겨진다. 이런 하루의 끝을 경험해본 적이 있지 않은가?

여기에 더해, 결국 눈물을 펑펑 흘리며 이불을 끌어안은 채 잠이 드는 밤까지. 혼자 있는 시간 서러움이 터져나오는 이유는 사람들은 속여도 자기 자신은 속이지 못했기 때문이다. 온갖 괜찮은 척을 하며, 다른 사람들을 챙겨준 날에 정작 자신의 마음은 챙기지 못했다는 뜻이다.

감정의 주체가 자신이어야 하듯 모든 하루도 마찬가지이다. 자신의 마음을 챙기며 스스로를 가장 우선순위에 두고 살아가는 하루하루가 모여 평화로운, 잘 살아냈다고 생각하게 만드는 삶이 된다는 것을 잊지 말자.

진심으로 이해해야 할 대상

나는 사람을 이해하는 데에 많은 시간을 투자한다. 이건 타고난 성향인데, '그냥 그런 사람인가보다' 하고 모른 척 넘어갈 수 있는 일도 저절로 이해가 되어 괴로울 때도 있었다.

그렇게 오랫동안 지내다 보니 내린 결론이 있다. 처음에는 이해가 되지 않았지만 시간이 지나서 이해가 되는 건, 그때의 내가 부족했거나 마음의 여유가 없었다는 걸. 그러나 시간이 지나서도 이해가 안 되는 건 내 가치관으로는 도저히 이해할 수 없는 영역이라는 것을 말이다.

이해가 안 되는 걸 억지로 이해하려고 노력할 필요도 없고, 이해할 수 있는 거라면 지금이 아니더라도 언젠가 될 테니 굳이 애쓸 필요도 없다. **지금 최선을 다해도 더 성장한 미래의 자신이 봤을 때는 부족했다고 느낄 수 있다.** 그게 당연한 거다. 그럼 그때 몰랐던 걸 지금이라도 알게 돼서 다행이라고 생각하면 된다. 당장 이해되지 않는 걸 붙잡고 늘어지며 애써봤자 마음만 괴로울 뿐이다.

만약 그래도 계속 이해하려고 애쓰게 된다면, 그런 자신을 이해해주길 바란다. 그러다 보면 내가 온 마음을 다해 진심으로 이해해야 할 대상이 누구인지 깨닫게 될 테니까.

각자의 노력

×ˣ

내가 똑같이 될 수 없는, 나와는 다른 사람을 부러워하는 건 자연스러운 거다. 그러나 그 부러움은 잠깐이어야 한다. 자신보다 더 나아 보이는 사람과 비교하고 깎아내리면 스스로를 사랑하지 않는 마음만 계속 쌓여갈 뿐이니까. 내가 비교해야 할 대상은 타인이 아니라 과거의 자신이다.

부러움은 잠깐 스쳐 지나가게 두고, 과거의 자신과 지금 자신의 차이에 대해 생각하는 거다. 얼마나 발전했는지, 열심히 살아왔는지, 앞으로 노력해야 할 부분들은 어떤 건지에 대해서. 그런데 '내일부터 당장 나는 아무도 부러워하지 않고 비교하지도 않고 나만을 사랑할 거야!'라고 다짐한다고 해서 마음 먹은 대로 되는 건 아니다. 빠르게 되지 않더라도 매일매일 조금씩 바뀌려고 노력하고, 그 시간이 모여서 변화한다는 걸 기억했으면 좋겠다.

우선, 당신이 부러워하는 그 사람들도 남들이 부러워할 모습을 쉽게 만든 건 아니라는 것을 기억하자. 외형적인 부분이든 내면이든, 일적인 커리어든 누군가 부러워할 만한 존재가 될 때까지 수많은 시간을 쌓아 올렸을 거다. 그래서 나는 누군가가 너무 부럽다고 말하는 사람에게 '그 사람이 부럽다는 생각이 들어서 그 사람처럼 되려고 노력을 해보셨나요?'라고 늘 질문한다.

누군가가 부러우면 자기 방식으로 노력하는 게 가장 좋다. 단순히 생각만으로 비교하고 자신을 깎아내리면 도움 되는 건 아무것도 없고 오히려 마이너스지만, 누군가가 부러워서 노력을 시작하면 그건 자신에게 득이 되는 일이고 부러움을 넘어서서 발전할 기회를 갖게 된다. 그리고 결국 그런 노력을 실천한 사람들이 누군가가 부러워하는 존재가 된다. 끊임없이 고민하고 연구하고 노력한 시간은 반드시 빛을 발하기 때문이다.

'내가 어떻게 그 사람처럼 돼?'라고 생각하면 절대 될 수 없다. 애초에 기준부터가 자신이 아닌 부러움의 대상에게 있기 때문이다. 노력의 시작이 어떠했든 기준은 자신에게 있어야 한다는 것을 잊지 말자.

나를 일으키는 약간의 위로

Chapter 3

좋은
사람으로
남고 싶은
마음

늘 사랑스럽진 않아도
적당히 사랑스러운

×ˣ

전기장판을 높은 온도로 켜놓았다가 전원을 끄면 바닥은 점점 식는다. 하지만 그 위에 이불을 잘 덮어놓으면 따뜻함이 오래 유지된다. 관계도 마찬가지다. 서로의 장점에 취해 한참 잘 지내던 관계에서 상대의 단점을 발견했을 때, 당황스럽기도 하고 애정이 조금 식을지도 모른다. 그때 내가 가진 이불로 상대의 약점을 슥 덮어주면 관계는 따뜻하게 유지될 수 있다. 그런 노력에 꺼졌던 관계의 전원도 다시 들어오게 된다.

한 사람과의 관계를 오래 유지하다 보면 예외 없이 '이 사람에게 이런 면이 있네?' 하는 때가 찾아온다. 어쩌면 그때가 두 사람의 관계는 첫 고비라고 말할 수 있다. 어떤 관계든 사랑스러운 모습만 볼 수 없다는 뜻이다.

　그렇다. 어떻게 사람이 늘 사랑스러울 수 있을까. 내 사랑을 마음껏 주고 싶던 사람조차 늘 사랑스러울 수는 없다. 신은 공평하게 우리에게 장점과 단점을 골고루 넣어 만드셨기 때문이다. 그래서 우리는 사랑스럽지 않은 면까지 사랑스럽게 봐 줄 사람을 기다리며 사는지도 모른다. 그러니 사랑스럽게까지는 아니더라도, 서로가 만든 온기가 꺼지지 않을 정도만 내가 가진 이불로 덮어주는 연습을 하자.

　또한 모두를 만족시키려고 하지도, 모두에게 인정받으려고 하지도 말자. 어차피 그건 불가능한 일이다. 불가능한 일을 계속 시도해볼 수는 있겠지만 언젠가는 그런 때를 후회하게 된다. 훗날의 상처나 후회를 막는 방법은 모두에게 좋은, 착한, 도움이 되는 사람이 되려고 애쓰지 않는 것이다. 그럴 수도 없고 그럴 필요도 없다.

　살면서 누군가에게 나는 나쁜 사람이 될 수밖에 없고, 반대로 누군가에게는 계속해서 사랑스러운 존재로 남는다. 영원을 바라지 않고 현재에 충실한 사람이 되면 지나친 선행도 후회도 불필요하다. 적당히 사랑받으며 나를 위한 삶을 살기 위해서는 가끔 나쁜 사람이 될 수밖에 없다는 것을 인정하고, 누군가에게는 사랑스러운 존재라는 사실에 안도하면 된다.

좋은 사람으로 남고 싶은 마음

관계를 오래 유지하는 방법

관계를 오래 유지하는 방법에는 크게 두 가지가 있다. 첫 번째는, 거리 유지에 신경 쓰는 것이다. 그건 모든 관계에 균열이 생기는 근본적인 원인이 바로 '거리 유지 실패'이기 때문이다. 오랜 시간 일정한 거리를 유지하는 일은 어렵고 조절하려고 노력하다가 실패하거나 어떤 노력을 해야 할지조차 몰라 실패하고 만다.

그렇다면 적당한 거리를 유지한다는 것은 무엇일까? 당연히 그 거리는 무슨 사이인지, 어떤 사이가 되고 싶은지에 따라 달라질 것이다. 사실 관계에 대한 깊은 고민을 하기 전에 가까워지기도 하고 멀어지기도 한다. 거리 유지에 실패해서 끝나고 말았던 관계는 가까울 때는 그 거리가 보이지 않았을 것이다. 마음이 지나치게 앞섰기 때문이다.

그러니 거리 유지에 실패하지 않으려면 관계를 멀리서 볼 줄 알아야 한다. 함께하는 시간이 많으면 많을수록 그 사람에 대해 혼자 생각해볼 시간은 적어진다. 친밀함과 애정 등이 쌓이는 동안 상대방에 대해 이해하기 어려운 부분과 서운함도 같이 쌓이는 데도 말이다. 그러니 이 관계의 거리가 현재 적당한가, 앞으로도 적당히 유지될 수 있는가, 무엇보다 처음에 내가 상대방과 생각했던 관계의 방향대로 잘 가고 있는가 틈틈이 살펴봐야 한다.

우리는 그 당연하고도 어려운 과정을 조급하지 않게, 침착하게 해내야 한다. 관계의 거리를 살피는 걸 두려워하거나 알면서도 모른 척하면 그 관계에는 언제라도 균열이 생길 수 있다. 관계를 멀리서 보라는 말은 그 사람과 멀어지라는 게 아니다. '그 사람과 가까운 나'가 아닌 '나'로 관계 전반에 대해 생각해볼 시간을 가지는 것으로 충분하다. 관계를 객관적으로 돌아보는 것은 앞으로의 방향을 잡을 수 있는 기회가 되니까. 더 잘 지키고 싶은 관계일수록 더 잘 따져봐야 한다.

두 번째는 갈등 해결 방식이다. 갈등을 해결하는 방식은 관계가 오래 지속되는 데에 큰 영향을 미친다. 갈등이 생겼을 때 서로의 방식만을 고집한다면 그 관계는 결국 끝이 난다. 갈등을 해결하고 그 방식을 맞춰나가는 건 관계를 얼마나 좋게, 잘 유지하고 싶은지에 달렸다. 기본적으로 갈등을 해결하려는 노력은 서로에 대한 애정에서 나오는 것이고, 좋아하지만 노력하지 않겠다는 말은 모순이다.

관계에서 첫 갈등이 발생했을 때, 내 방식만을 고집하지 말고 상대에게 무조건 맞추려고 하지 말고 중간점을 찾았으면 좋겠다. 그 과정에서 한층 더 서로를 이해할

수 있게 되고, 서로를 향한 애정도 확인할 수 있게 되어
관계는 더 깊어질 것이다.

좋은 사람으로 남고 싶은 마음

혼자 있는 시간의 의미

술과 마약, 그리고 게임 같은 것에만 중독되는 게 아니다. 내면의 공허함을 사람으로 채우고 삶의 의미까지 타인에게서 찾는 관계 중독도 존재한다. 관계 중독은 모든 사람과 친밀한 인간관계를 맺는 일에 집착하는 병적 상태라고 정의하는데, 미국의 한 심리학자는 관계 중독에 대해 이렇게 말했다.

"어린 시절 부모의 무조건적인 사랑을 받는 아이는 성인이 되어 성숙한 사랑을 할 수 있지만, 그렇지 못한 아이는 이를 대체할 누군가를 끊임없이 찾아 나서게 된다."

그 말은 곧 어린 시절 부모와의 안정적인 애착 관계를 형성하지 못한 아이는 크면서 애정에 대한 결핍을 과하게 느낄 수밖에 없다는 뜻이다. 애정 결핍을 가진 이들은 처음에 애정을 주겠다고 다가오는 사람을 의심하다가 상대가 지속적으로 관심과 정성을 보이면, 경계를 풀고 사람을 잘 따르는 길고양이처럼 변한다. 그렇게 애정이 필요했던 그들은 다른 사람들에 비해 더 크게 사랑을 느끼고 반대로 더 크게 실망하기도 한다. 흔히 말하는 감정 기복이 있어 사람과의 관계에서 일희일비하는 일도 잦은 편이다.

또한 상처받을 것이 두려우면서도 끊임없이 애정을 원하기 때문에 관계에 집착을 하거나 지나친 자기방어를 하는 모습을 보이기도 한다. 그렇게 연애를 할 때부터 불안정하던 그들은 이별로 인한 고통 또한 더없이 크게 느낀다. 지속적인 관심과 애정을 주던 대상이 일방적인 통보 후에 떠났을 경우에는 단순한 이별의 슬픔을 넘어서 삶 전체가 흔들리는 모습을 보이기도 한다.

텍스트테라피 상담을 통해 그런 내담자들을 꾸준히 만나왔다. 관계 중독은 연애를 하든 하지 않든 인지하고 해결하려는 노력을 하지 않으면 일상의 사소한 부분에서도 드러난다. 이를테면 다른 사람에게 보이는 겉모습이나 SNS에 집착하거나 혼자 있는 시간을 견디지 못해 핸드폰을 붙잡고 연락할 사람을 끊임없이 찾는다. 그들은 공통적으로 이렇게 물었다.

'혼자서 잘 지내는 사람이 되려면 어떻게 해야 하나요?'

우리는 살면서 수많은 것을 사랑하고 의지도 한다. 다만, 그런 대상이 사라지더라도 다시 혼자서 안정적으로 살 수 있어야 하고 삶이 무너지지 않게 지탱할 힘이 있어야 한다. 그러려면 자존감도 높아야 할 뿐만 아니라 자신에 대해서 아주 자세히 알고 있어야 한다. 스스로 결핍이 있다고 느꼈고, 그게 다른 사람과의 관계에 치명적인 영향을 준다는 걸 깨달았다면, 이는 모든 관계에서 잠시 마음을 떼야 한다는 신호다.

자신의 결핍을 타인이 아닌 자신의 힘으로 온전히 채우며 삶을 지탱하는 법을 새로 배워야 한다는 뜻이다. 만약 그런 연습을 하지 않고 공허함과 애정을 채워줄 사람을 섣부르게 찾아 나선다면, 누군가의 에너지와 행복으로 연명하는 삶을 살게 되고 악순환은 반복된다. 그러니 자신의 결핍을 건강한 것들로 꾸준히 채워갈 수 있도록 노력해야 한다.

자신과의 관계에 공을 쏟는 첫 번째 방법은 혼자 있는 시간을 즐기는 것이다. 밀려드는 외로움과 공허함에 집중하지 않고 자신에게 집중할 수 있는 거라면 무얼 해도 좋다. 처음에는 '내가 지금 외로움을 없애려고 이걸 하는 중이야.'라는 생각이 들 수 있지만 자연스럽게 되는 날까지 꾸준히 하는 게 가장 중요하다.

내가 필요할 때마다 항상 곁에 있을 수 있는 사람은 없다. 그러니 자신을 가장 우선에 두고 안아주듯 좋은 말과 생각을 줘야 한다. 나 자신에게 어느 누구로도 대체되지 않는 애정을 주는 사람이 되어 주자. 그러면 관계의 단절 앞에서도 삶이 무너지는 일은 일어나지 않는다.

나는 자신을 돌아보기 전에 새로운 사람을 다시 만날 수 있을지 걱정부터 하는 내담자들에게 홀로서기를 강조한다. 혼자 있을 때 건강하고 행복한 사람이 누군가와 함께할 때도 그럴 수 있는 거니까. 과거로부터 이어져 온 결핍은 진정한 홀로서기를 통해 해소되어야 한다는 걸 알았으면 한다.

서로에게 좋은 사람

ᵡ×

관계가 끊어지는 게 싫어서 미안하지도 않은 일에 사과를 하고, 정과 미련을 사랑으로 착각해 정신건강에 해로운 관계를 이어간다. 상대가 희생을 당연하게 생각하는 줄 알면서도 모른 척 이건 내 마음이라며 잘해주고, 그러다 보면 어느새 상대방에게도 나 자신에게도 '그래도 되는 사람'이 된다. 참는 게 당연하고, 이해하는 게 익숙한 그런 사람이.

정신을 차렸을 때 그 사람을 인생에서 내쫓아버리면 되는데, 그런 사람을 오래 곁에 두면서 스스로를 갉아먹

좋은 사람으로 남고 싶은 마음

었던 자신은 용서하기가 어렵다. 힘들고 버거운 관계를 소중한 인연으로 착각하고 나 자신까지 버려가며 놓지 못했다는 사실이 두고두고 부끄럽기 때문이다.

그렇게 되지 않으려면 첫 번째, 관계에서 불편함을 느꼈을 때 그 원인을 찾아야 한다. 자신이 가진 트라우마나 욕심 때문인지, 아니면 상대방이 원인 제공을 하는지. 물론 둘 다일 수도 있다. 사람과 사람이 만날 때 서로를 흡수하기도 하지만 섞이지 못해 충돌하기도 하니까. 만약 상대가 자꾸 나의 트라우마를 생각나게 하고 마음을 삐뚤어지게 만든다면 그 관계는 지속될수록 서로에게 악영향만 줄 것이다.

선한 영향력을 주는 관계를 곁에 많이 두는 게 삶에 이롭다. 관계에서 느껴지는 불편함의 원인을 찾고 내가 바꿀 수 있는 부분이 있는지 생각해보고, 대화를 나누고 함께 노력할 만한 관계인지도 따져봐야 한다. 자꾸 서로의 지난 상처를 건드리고 그 개선이 대화와 노력으로 이루어지지 않는다면 관계를 놓아버릴 줄도 알아야 한다. 모든 관계의 문제점이 단지 노력한다고만 해서 이루어지지는 않는다는 걸 기억하자.

두 번째, 상호 존중이 되는 관계인지 살펴본다. 상호 존중이 이루어지지 않는 관계는 언제 어긋나도 이상하지 않다. 존중받고 싶은 마음보다는 존중하겠다는 마음이 먼저여야 탈이 생기지 않는다. 주는 것도 받는 것도 당연한 건 없기에 존중하는 마음과 존중받는 것에 차별을 두지 말아야 한다. 서로를 동등하게 바라보는 관계에서 건강한 에너지가 생긴다.

세 번째, 처음부터 받는 것을 당연하게 생각하지 않는 사람에게 배려와 애정을 줘야 한다. 존중받았을 때의 고마움을 잊어도 되는 사람은 세상 어디에도 없다. 사람 사이는 운이 아닌 노력으로 만들어진다. 그러니 혼자만 하는 노력, 또는 의미 없는 노력은 하지 말자.

좋은 사람으로 남고 싶은 마음

네 번째, 그래서 최종적으로 서로에게 좋은 사람인지 생각해보자. 좋은 사람을 만나라는 것은 결국 '서로의 단점을 보완해줄 수 있는 존재'를 만나라는 뜻이다. 상대가 아무리 뛰어난 장점을 많이 가졌어도 하나의 단점이 내가 품어줄 수 없는 부분이라면 그 관계에서는 희망을 찾기 어렵다.

나조차도 나를 이해할 수 없는 순간

후회로 남은 경험을 떠올릴 때마다 '그때 왜 그랬지…'라는 생각이 자연스레 따라온다. 그건 나조차도 나를 이해할 수 없는 순간이 만든 부끄러움일 것이다. 불쾌한 농담을 애써 웃어넘기고, 누가 봐도 무리인 부탁을 무리해가면서까지 도와주고, 원하는 걸 말도 못한 채 다른 사람들이 원하는 것에 그냥 따랐던 순간들. 지나고 나면 정말 왜 그랬을까 하는 생각만 드는.

또 스스로가 이해되지 않는 행동을 하는 대표적인 순간 중 하나는 질투다. 자신도 모르게 생겨나는 부러움을 넘어선 질투는 부정적인 에너지를 불러일으킨다. 그러니 질투심이 들 때는 상대방의 어느 부분을 어떤 이유로 선망하는지 정확히 파악한 후에 그 사람에게서 관심을 끊는 것이 좋다. 질투심이 깊어질수록 머리와 마음에 부정이 깃들 뿐이니까.

분명한 건 우리는 과거에 그런 행동을 한 자신을 용서해야 한다. 그러기 위해서는 누구를 위한 건지도 모를 배려를 한 것에 대한 죄책감을 떨쳐내야 한다. 또 남을 질투하느라 자신의 마음을 괴롭힌 스스로를 안아줘야 한다. 후회는 훗날 더 나은 선택을 하도록 도와준다. 자신을 이해하며 행동하도록 만들어준다는 뜻이다. 그러니 나를 이해할 수 없는 순간조차도 그때의 나에게는 최선이었음을 받아들이고 이제 그 경험들로 당신이 어떻게 변화하는지 지켜봐주면 된다.

안정적인 연애를 하는 방법

1. 성향과 연애 패턴이 잘 맞는 사람과 연애를 시작하라

사람은 다 다르기 때문에 어떤 사람과 연애를 시작하든 서로 맞춰나가야 하는 건 똑같다. 하지만 애초에 너무도 다른 성향과 연애 패턴을 가진 사람을 만나면 제대로 맞춰가는 노력을 하기 전부터 불안이 생겨난다. 그리고 그 불안이 해소되지 않아 관계가 끝날 확률이 높아진다. 연애할 때는 자신이 특히 중요하게 생각하는 부분이 어느 정도 맞는 사람과 시작하는 게 좋다.

2. 상대방을 있는 그대로 인정하고 받아들일 수 있는
마음을 가져라

각자 다르게 살아왔기 때문에 서로에게 다른 부분이
작고 크게 존재하지만 사랑이 깊어질수록 마음을 열고
상대를 보게 될 것이다. 하지만 애정을 담아 상대를 열
린 마음으로 대하려고 노력해야 할 때가 찾아온다. 애
정 표현방법, 생활패턴, 갈등을 해결하는 방식, 스트레
스 해소법, 대화 스타일, 식습관 등등 다름을 느낄 만한
부분이 아주 많기 때문이다. 다르다는 건 트러블이 생길
수 있는 부분이 많다는 것이고, 그건 곧 함께 맞춰나가
야 한다는 뜻이다.

그러니 얼마나 마음을 열고 상대를 바라보는지에 따
라 노력할 수 있는 범위도 달라진다. 결국 상대를 얼마
나 있는 그대로 인정하고 받아들이는지에 따라 트러블
이 일어나는 빈도가 결정되고 안정된 연애를 이어갈 수
있는 조건이 완성되니까. 이건 서로에게 믿음을 준다는
전제 하의 이야기다. 방식이 다른 것과 믿음에 위반되는

행동을 하는 건 다르다. 그래서 믿음을 해치는 행동이 무엇인지 가치관을 분명히 하는 게 좋고, 두 사람이 이 가치관까지 맞으면 더 오래 안정적으로 연애할 수 있다.

3. 안정적인 연애를 할 수 있을 만큼 마음이 건강한 사람인지 따져보라

상대가 믿음을 저버리는 행동을 하는 것도 아닌데 연애만 시작하면 불안 지수가 늘어나는 사람들이 있다. 그런 사람들은 그 이유를 알아보는 것이 좋은데 우선 '성인애착유형 검사'를 추천하고 싶다. 사람은 고유의 애착 유형을 가지고 있고, 애착 유형 형성은 대체로 어린 시절 양육 과정에서 비롯된다. 검사를 통해 연애할 때 상대에게 어떤 애착 형태를 가지는지 파악해볼 수 있다.

애착 유형이 바뀌려면 많은 조건이 필요하기 때문에, 연애를 할 때마다 반복적으로 느껴지는 불안은 그 애착 유형에서 비롯된 것일 확률이 높다. 애착 유형 검사로

연애를 할 때마다 자신과 상대방을 힘들게 했던 원인을 찾고 어떤 부분에 대한 개선이 필요한지 어느 정도 파악할 수 있을 것이다.

마음의 정리가 필요할 때

1. 나를 나쁘고 아프게 만드는 인연은 정리할 것

장점도 그렇지만, 살면서 내가 가진 단점을 더 큰 단점으로 만드는 사람이 꼭 생긴다. 그러니 어떤 이유로든 나를 극단적으로 만드는 사람과는 파국을 맞이하기 전에 끝내야 한다. 내 손으로 마지막을 정하는 것과 파국을 맞이해 끝나버리는 것은 큰 차이가 있기 때문이다. 마지막을 스스로 정리할 수 있다면 조금이라도 덜 후회하는 최선의 선택이 될 것이다. 나를 나쁜 사람으로 만들거나 아프게 만드는 사람은 인생에서 조금이라도 빨리 내보내야 한다는 걸 잊지 말자.

2. 나의 모습 그대로 사랑받는 연습을 할 것

감춰 놓고 바꾸려고 하고 참고 애쓰기 전, 본래 모습 그대로 사랑받을 준비를 시작해야 한다. 그건 사랑에 실패한 모습을 숨기는 것에 그치지 말아야 한다는 뜻이자, 어떤 마지막을 맞이했든 다시 사랑할 수 있다고 믿는 것이다. 더 중요한 건 사랑이 끝나도 나를 사랑하는 일을 놓아서는 안 된다는 말이기도 하다.

3. 자유롭고 독립적인 사람이 될 것

사랑받는 연습이 끝나면 자유롭고 독립적인 사람으로 살아가자. 진정한 자유는 과거에 얽매이지 않으면서도 망각하지는 않는 것이다. 이는 몸이 아닌 마음이 독립해야만 얻을 수 있다.

미련한 방법으로 미련 덜어내기

×ˣ

MBTI의 유형에서 나는 F(감정)성향이 높게 나오는데 지금껏 만났던 이들은 T(사고)가 높았다. 너무나 이성적이어서 그랬는지 그들은 나에 비해 감정을 배제하는 일이 수월했고, 그 모습은 헤어질 때마다 더 큰 상처로 다가왔다. 그 후엔 그들이 보인 이성적인 마침표가 이해되지 않아서 혼자 더 오래 이별을 해야만 했다.

모든 걸 이해해야만 끝을 낼 수 있는 일명 '프로미련러'인 나는 가끔 이별이 철저하게 혼자만의 몫임을 잊어버리곤 했다. 이제는 그때의 나만큼이나 미련이 많아

좋은 사람으로 남고 싶은 마음

보이는 내담자를 만나면 이렇게 말한다. 사랑은 함께하는 거지만 이별은 철저히 혼자만의 몫이고, 그걸 사랑으로 함께했던 사람과 나누려고 하면 마음이 나락으로 간다고.

그건 절망의 끝까지 자신을 끌고 가본 내가 가장 잘 아는 일이었고, 이제는 미련이 생기는 조건을 너무도 잘 이해하기 때문에 할 수 있는 말이었다. 미련은 애정이 남았을 때만 생기는 것이 아니다. 갑작스러운 통보를 받거나 원하던 끝맺음이 아닌 경우에도 생길 수 있다.

예를 들어 부담스럽다는 말을 끝으로 어떤 관계가 끝났다고 가정해보자. '부담'이라는 단어에 꽂혀 내가 어떤 부담을 줬는지, 어떻게 부담스러운 사람인 건지, 상대에게 이렇게 했다면 또는 이렇게 하지 않았다면 부담이라는 단어를 듣지 않았을지 생각하느라 견딜 수 없을 만큼 힘든 시간을 보낼 것이다.

그러다 시간이 지나서 혼란스러운 생각과 마음이 정리되면 알게 된다. 부담은 상대를 감당할 자신이 없다고 고백할 때 쓰는 단어라는 걸. 관계를 이어나갈 자신이 없다는 말을 부담이라는 단어 안에 넣어 나에게 건넸던 것뿐이라는 걸 말이다. 그때야 비로소 미련이 끝난다.

우리는 감당하기 힘든 상황이나 말을 만나면 그걸 현미경으로 보듯 최대한 확대한다. 그때 느끼는 감정과 기분도 크게 받아들인다. 하지만 시간이 지날수록 조금씩 멀리 볼 줄 알게 된다. 그래서 아무리 감정적인 사람도 시간이 지나면 객관화해서 볼 수 있게 되고, 마음으로 받아들일 수 있게 된다.

당신이 유독 미련한 방법으로 미련을 덜어내는 사람이어도 괜찮다. 온전히 혼자서 이별을 겪고 미련을 덜어내는 사람은 이전보다 훨씬 성숙한 사람이 되니까. 아름답지 않은 이별을 견디며 당신은 아름다운 사람이 될 것이다. 그렇게 한층 성숙해진 사람이 하는 연애는 또 얼

좋은 사람으로 남고 싶은 마음

마나 멋지겠는가.

그러니 지금 떠오르는 생각이나 생겨나는 마음, 자꾸 그때의 추억을 떠올리는 것, 마지막 말을 곱씹어보는 것, 혹시 재회할지도 모른다는 기대, 그런 게 다 이별 과정이라고 생각하면 좋겠다. 사랑도 이별도 모두 갑자기 찾아온다. 나중에는 슬며시 왔다가 사뿐사뿐 사라진다고 느껴지는 때가 온다.

이별 뒤에는 회의감이 따라오기 마련이다. 사랑도 만남도 결국 부질없고 시작과 다르게 변해버리는 것이라는 생각이 드는 시기가 찾아온다. 그다음 단계가 다시 사랑을 찾고 전과는 다를 거라는 기대를 갖는 것이다. 그동안 이별이 얼마나 아팠는지 망각하게 될 때까지가 바로 이별이다.

1. 불화를 극복하고 싶은 당신에게

– 상대방도 이 상황을 극복하고 싶은지 대화해보기

상대방에게 서로 더 이해받고 싶은 마음이 아니라 함께 노력해서 관계를 평화롭게 만들고자 하는 의지가 있는지 알아보는 것이 가장 중요하다. '열린 마음'이 바탕이 되지 않으면 서로의 노력에 대한 기대치만 커지기 때문이다. 상대의 마음을 제대로 모른 채 하는 노력은 서로에게 더 큰 상처를 주고 관계에도 악영향을 미칠 수 있다.

2. 대화로 풀어나가지 못한 당신에게

  - 감정이 마음에 맺히도록 두지 말기

서운한 게 생기거나 기분이 상했을 때에도 계속 관계를 유지하고 싶은 상대라면 그 속상한 마음을 꼭 전해보라고 조언해왔다. 나도 그렇게 하려고 노력하고 있다. 그러나 요즘 들어 자주 생각하는 것은 전할 수 없는 마음일 경우다.

전하지 못한 감정과 이해받지 못한 기분은 마음에 응어리로 남는다. 상처와 트라우마가 그렇듯 살면서 문득 떠오르거나 비슷한 상황을 마주했을 때 후회가 되어 마음을 아프게 찌르기도 한다. 불편했거나 트러블을 만들고 싶지 않았거나 또는 정말 얘기하고 싶었는데 상황이 따라주지 않았거나. 어떤 이유든 다시 꺼내 볼 상황이 생긴다는 뜻이다.

좋지 않은 상황에서 전하지 못했던 감정을 마주하

게 되면 난감하다. 서운한 감정과 기분이 더 많이 쌓일 수록 트리거가 될 확률이 높아지기 때문이다. 이를테면 작은 서운함이 분노로 몸집이 커져서 엉뚱한 곳에서 터져버리는 거다.

가장 중요한 건, 누군가에게 전하든 전하지 않든 마음 안에 쌓이도록 두지 않는 것이다. 찜찜하게 목에 걸린 가시처럼 두지 말고 감정과 기분을 말끔하게 비우는 연습이 필요하다. 모든 감정은 고이도록 두면 안 된다. 맺힌 게 많을수록 푸는 데에 시간이 오래 걸리기 때문에 그때그때 풀어주는 것이 중요하다.

누군가에게 감정을 표현하고, 무엇보다 나 자신에게 솔직해지는 것을 두려워하지 마라. 그렇게 타인도 자신도 속이지 않아야만 감정이 자연스럽게 흐를 수 있다.

좋은 사람으로 남고 싶은 마음

3. 진심을 전하고 싶어 하는 당신에게

– 진심은 전해진다는 말을 너무 믿지 말기

'진심은 반드시 전해진다'는 말에는 사실 많은 전제 조건이 붙는다. 그 사람이 나의 진심을 간과하지 않아야 하고 내가 진심을 온전히 전달할 수 있는 사람이어야 한다. 또 나의 마음을 수용할 수 있는 건강하게 마음을 가진 사람이어야 한다.

타인의 진심에 너무 많은 진심을 쏟지는 말자. 물론 진심을 전하기 위한 전제 조건들이 충족되지 않아도 끝까지 진심을 전하는 건 용기있는 선택이다. 물론 진심을 온 마음을 다 쏟아 전할 수는 있지만 그게 온전히 전달되지 않을 수도 있고, 전달되더라도 관계가 내가 원하는 방향으로 흐른다는 게 보장되어 있는 건 아니니까.

그 모든 걸 인지한 채로 최선을 다하자는 말이다. 혹여 진심이 전해지지 않더라도 자책하지 말자는 것이다.

4. 이미 곁에 소중한 사람이 있는 당신에게

- 표현을 잘하고 있는지 돌아보기

당신 주변에 좋은 사람이 많다고 생각한다면, 그건 당신이 그들에게 좋은 사람이라는 뜻이다. 그 관계를 오래 유지하기 위해서는 표현을 잘해야 한다. 고맙고 미안한 마음을 자주 전달하고 있었는지 한 번 돌아보는 시간을 가져보자.

5. 애를 썼지만 누군가를 떠나보낸 당신에게

- 소중함을 모르는 사람에게 마음 쓰지 말기

관계가 끊어지는 것이 힘들고, 누군가 나를 떠났다는 사실이 지나치게 괴로울 때마다 가져야 하는 건 '날 떠난 네가 손해다'라는 마인드다. 이별을 어려워한다는 것 자체가 사람과 인연이 소중하다는 것을 잘 아는 마음이 여린 사람이라는 뜻이다. 관계의 단절에 대한 책임은 양

쪽에 있기 때문에 상대를 소중하게 생각하고 이해할 준비가 되어 있는 나를 일방적으로 떠난 사람에 대해 아쉬워할 필요가 없다는 것이다.

나를 소중히 생각하지 않는 사람을 아끼고 소중하게 생각할 필요가 없고, 그때 상대에게 베푼 것이 나의 최대치였음으로 안타까워할 이유도 없다. 아쉬움, 미안함, 후회 등은 그저 내가 그 사람에게 준 모든 것이 진심이었기 때문이라고 생각하면 된다. 최선을 다하지 못한 사람의 후회가 더 깊을 수밖에 없다. 만약 후회조차 깨닫지 못한다면 나의 소중함조차 제대로 깨달을 수 없던 사람이라는 뜻이니 더더욱 상대방이 손해를 봤다고 생각하면 된다.

너무 아픈 사랑은 사랑이 아니다

×[×]

'너무 아픈 사랑은 사랑이 아니었음을' 노래 제목으로도 유명한 그 말을 믿지 않았다. 내 20대의 연애는 전부 많이 아팠다. 사랑이 아니라고 말해도 그 말을 믿지 못했고, 이렇게 아픈데 사랑이 아닐 리 없다고 생각했다.

20대의 마지막 이별을 하고는 깨달았다. 너무 아픈 사랑은 사랑이 아니다. 그동안 맞지 않는, 진작 끊어내야 하는, 인연이 아닌 것을 사랑이라는 말로 애써 노력하고 끝자락이라도 붙잡고 싶어 안달이었다. 처음부터 어느 정도 맞는 사람을 만나 서로에게 맞춰가며 똑 부러

좋은 사람으로 남고 싶은 마음

지게 연애할 생각은 못했다. 수많은 오류와 무시, 어긋남에도 맞춰가기만 하면 다 될 거라고, 설령 맞춰지지 않더라도 당장 함께하는 게 제일 중요하다고 여겼다. 그러다 보니 안정적이고 편안한, 행복한 연애는 자연스럽게 내게서 멀어졌다.

억지 노력으로 이어가는 인연은 끝이 정해져 있었다. 하지만 끝을 보고도 끝이라는 걸 인정하지 못했다. 이런게 사랑이 맞을까, 연애가 맞는 걸까 의심하는 관계는 나를 불안하게 만들 뿐이다. 하지만 그런 불안함조차 사랑이라고 여겼다. 어떻게 보면 20대의 패기와 열정이었을지 모르겠다. 상처받고 아픈 연애 대신 잘 만나고 잘 헤어지는 건강한 연애를 하면서 그 시기를 보낼 수도 있었다. 어떤 길을 선택하는지는 나이와 상관없이 그 사람에게 달린 거니까.

수없이 아프고 힘들고 어려운 만남과 헤어짐을 반복하고서야 내 앞의 많은 선택지를 '사랑이라는 말로 많이도 포기했었구나, 눈을 가리고 사랑을 바라볼 때가 많았구나.' 알게 되었다. 불안하고 아픈 연애에는 중독성이 있다. 그래서 중독된 줄도 모른 채 힘든 연애를 이어가려고 애쓰게 된다. 연애의 목적은 애정을 주고받으며 궁극적으로 행복해지는 데에 있다. 그러니 나를 불행하게 만드는 건 아무리 사랑이라고 할지라도 단호하게 끊어낼 줄 알아야 한다.

그런 사랑을 습관적으로 지속하면 나 자신을 사랑하기는 더더욱 어려워진다. 자신을 구원해줄 사람은 자신뿐이다. 그 사람이 너무 소중하고 그 사람의 사랑이 너무 좋다고 해도, 자신을 잃어버리면 사랑 자체가 힘들다는 걸 꼭 기억하자.

'더 이상 관계를 유지하는 건 아니라고 생각해서 먼저 이별을 말했다가 후회하게 되면 어쩌죠?'라고 묻는 사람들이 있다. 관계를 끊어내며 후회를 아예 하지 않을 방법은 없다. 따져보고, 오래 고민하고 끝을 말해도 '내가 더 이해할 걸 그랬나? 참을 걸 그랬나? 다시 붙잡아 볼까?'라는 생각이 들 수 있다. 그건 당신이 우유부단한 사람이거나 변덕이 심해서 그런 게 아니다. 어떤 선택을 하든 후회가 되는 순간을 예측할 수 없다. 다시 함께하면 더 좋을 거 같아서 기대했다가 실망하는 것처럼 말이다. 어느 때에 내 선택을 후회하게 될지는 아무도 모르는 일이다.

그러니까 후회를 하더라도 '그래도 그건 내 최선의 선택이었어.'라는 생각이 드는 선택을 하는 게 중요하다. 가장 나은 방식으로 후회하자는 말이다. '난 절대 후회 없는 선택을 하면서 살 거야.'라고 생각하는 순간부터 후회할 일은 더 많아진다. 자신에게 불가능한 기대를 걸어버린 거니까. 그러니 '덜 후회하는' 선택을 하는 사람이 되기 위해 노력했으면 좋겠다.

사랑의 깊이와 무게

나와는 정말 맞지 않는 사람과 연애를 했고, 그 사람을 오랫동안 잊지 못했다. 둘이 잘 맞지 않더라도 사랑하면 어떻게든 되지 않을까라는 생각을 했다. 그래서 응원하는 사람도 없는 외로운 그 사랑에 다시 뛰어들었다. 내 가치관대로 살겠다고 굳게 다짐했지만, 그 모든 걸 거스르고 애쓰며 관계를 이어나갔다. 그런 나와 달리 상대방은 먼저 쉽게 관계를 포기했다.

그 관계가 끝나고 들었던 생각은 '아, 내 사랑의 가치를 알아주는 사람에게 사랑을 줘야 하는 구나.'였다. 노력과 희생을 다 알아주지 않아도 괜찮다며 시작부터 끝까지 내 마음을 믿고 한 일이었다. 하지만 그 기간이 길어지고 사랑의 크기뿐만 아니라 노력까지 전부 알아주지 않는 사람에게 먼저 버림받는 건 정말 상처가 크게 남았다.

시간이 한참 지나서 이런 생각이 들었다. '그때 그 사람에게 최선을 다하고 싶었던 거고, 살면서 그렇게 내 모든 걸 희생하며 사랑했던 사람 한 명쯤 있는 것도 값진 경험이다.' 이런 사랑을 해본 누구나 그렇게 생각할 수 있는 날이 분명 올 것이다. 후회되는 마음 뒤에는 '내가 마음이 깊었기 때문에 그랬구나' 하고 자신을 진심으로 이해하는 날이 올 것이다.

나를 버린 상대를 용서하는 것보다 그 사랑에 끌려다닌 자신을 용서하는 게 더 어려운 일일지도 모른다. 하지만 그런 연애와 이별을 통해서 느낀 모든 것이 분명 우리를 성숙한 사람으로 만들어 주리라 확신한다.

아프게 깨닫는 만큼 더 성숙해지고, 자신이 가진 사랑의 깊이와 받아야 할 사랑의 무게를 알 수 있게 되는 법이니까.

내 마음을 가장 잘 아는 사람

살다 보면 내가 듣고 싶은 말을 해주는 사람은 갈수록 적어지고, 그런 말을 해주지 않는다고 서러움을 토로하는 빈도가 적어진다. 하지만 '원래 그런 것'이라고 넘기기에는 모두가 내 편이 아닌 것 같아 생긴 속상함이 넘치는 날이 있다. 그럴 때면 우리가 왜 어떤 상황에서도 내 편을 들어줄 사람을 찾는지, 그런 존재를 평생 곁에 두고 살고 싶어 하는지 다시금 깨닫는다.

그러나 그런 존재를 찾고 바라기 전에 스스로 완전한 자신의 편이 먼저 되어야 한다. 내 마음을 가장 잘 아는 건 나 자신이니까. "그렇게 위로가 필요한 날이 있었어."라고 말할 수 있는 사람이 생길 때까지 나를 먼저 지키는 것이다. 그렇게 지내다 보면 언젠가 든든한 내 편의 어깨에 기대어 울 수 있는 날도 분명 온다.

좋은 사람으로 남고 싶은 마음

Chapter 4

마음에
휴식이
필요한
순간

글을 쓰다 깨달은 비밀

벌써 다섯 권의 책을 집필했다는 게 어떤 날은 믿기지 않는다. 2019년부터 일 년에 한 권 씩 꾸준히 책을 출간하는 것을 대단하다고 말해주는 사람들도 있지만, 사실 난 내 책을 읽어 본 적이 없다. 누구에게도 이야기하지 않았는데 그 이유는 부끄러워서다. '자기 책이 부끄럽다고?' 그렇게 생각할 수도 있겠지만, 처음부터 완성형인 사람은 없듯 초반에 쓴 글들이 지금 보면 부족해 보이기 때문이다.

하지만 요즘은 이런 생각을 한다. 그건 그때의 최선이

었고, 그때의 부족한 점이 보이면 보일수록 그만큼 발전해온 거라고. 그렇다. 내가 매년 발전하지 않았다면 몇 년 전에 쓴 글을 부끄럽게 여길까? 그런 의미에서 더 부끄러운 건 매년 같은 실력과 수준에 머무르는 것이다. 그래서 '부족한 내 책이 부끄러워서 읽지 못하는 거야'라는 생각의 틀 안에 가두지 않기로 했다. 내게 중요한 건 틀 안에서 깊게 파고들어 생각하는 것이 아니라 틀을 벗어나 넓고 유연한 생각을 하는 거니까.

그리고 이건 아무도 모르는 비밀인데, 내 책이니까 공개한다. 그동안 매년 원고 작업을 하면서 '이렇게 한참 모자란 글이 세상에 나가도 될까?'라는 생각을 오래 했다. 어떻게든 하나의 원고를 완성하기 위해 쓴 글을 고치고 또 고치고 수십 번을 지웠다 썼다 다듬는다. 그럼 자연스럽게 이런 생각이 드는 것이다.

'이렇게 많이 고쳐야만 하는 글이 책이 돼도 되는 걸까?'

그럴 때는 작가들이 남긴 명언을 읽었다.

  내 인생의 절반은

  고쳐 쓰는 작업을 위해 존재한다.

– 존 어빙

  작가는 다른 사람들보다

  글쓰기를 어려워하는 사람이다.

– 토마스 만

  때로는 쓰기 싫어도 계속 써야 한다.

  그리고 때로는 형편없는 작품을 썼다고 생각해도

  결과는 좋은 작품이 되기도 한다.

– 스티븐 킹

  위대한 글쓰기는 존재하지 않는다.

  오직 위대한 고쳐 쓰기만 존재할 뿐이다.

– E.B. 화이트

마음에 휴식이 필요한 순간

노벨문학상 수상작인 어니스트 헤밍웨이의 책《노인과 바다》는 200번이나 고쳐 쓰였다고 알려져 있다. 헤밍웨이는 모든 초고는 끔찍하다고, 글을 쓰려면 죽치고 앉아서 쓰는 수밖에 없다고 했다. 심지어《무기여 잘 있거라》는 마지막 페이지까지 총 39번 새로 썼다고 말하기도 했다. 나는 글을 고치는 것을 부끄러워 하던 것이 부끄러워졌다. 하지만 한편으로는 분명 깊은 위로를 받았고, 고쳐 쓰기의 늪에 발을 들인 게 자랑스러워졌다.

가끔 내 책을 보고 큰 도움과 위로를 받았다는 내용의 메시지를 받으면 나는 항상 이렇게 답한다. "조금이라도 도움이 됐다면 다행입니다." 이 인사는 어쩌면 그동안의 나에게도 함께 전하는 말일지 모른다. 다행이라고, 그러니 계속 쓰자고 스스로를 다독이고 싶은 마음이었는지도 모른다.

글쓰기가 아닌 인생에 모든 것이 마찬가지다. 발전이 없다면 부끄러움도 후회도 없다. 그런 감정을 느낄 수 있는 건 성장했기 때문이다. 앞으로도 부끄럽다가 자랑스럽다가를 반복할 자신이 모습이 궁금하지 않은가? 지금 이 순간에도 그 어느 날을 위해 눈부신 성장을 거듭하고 있다는 걸 꼭 기억하자.

관계의 전환점

관계와 상황이 강제로 리셋되는 때가 온다. 전환점을 맞이한 것이다. 그때는 냉담한 현실에 스트레스를 받고, 모든 것이 뒤죽박죽이라 예민해질 수 있고, 그로 인해 판단력마저 흐려질 수 있다. 정신을 차리려고 애쓰지만 오히려 스스로를 다그치는 말에 긴장감과 불편함이 커져 더 망칠 수도 있다.

그러나 전환점을 고비로만 받아들일 필요는 없다. 그건 우리에게 찾아온 기회다. 건강하지 않은 관계와 상황으로부터 벗어나 새로운 방향을 잡을 수 있는 기회 말이다. 전환점이 찾아왔을 때 해야 할 노력은 다음과 같다.

1. 내 마음이든 타인의 마음이든 지레짐작하지 않기

   지나간 일을 놓아주자는 뜻이다. 과거를 과거로 두게 된
   다. 더는 내가 했어야 하는 말, 상대가 했던 말 등을 곱씹
   지 않게 된다. 그리고 상대가 나에게 보여주지 않은 마음
   까지 짐작해서 스스로를 옥죄는 것도 조심해야 한다. 힘
   든 시기일수록 확실하지 않은 건 마음 안에 두지 않고 최
   대한 떨쳐버리는 것이 좋다.

2. 나의 감정을 쥐고 흔들려는 사람들을 정리하기

   혹시 상대가 의도한 게 아니더라도 누군가에게 끌려다닌
   다는 느낌을 받는다면 그 관계에는 전환점이 필요하다.
   자신이 다스려야 하는 감정의 주도권을 뺏기는 기분이
   든다면 꼭 당장 정리하는 게 아니더라도, 멀리 떨어져서
   바라본 후 관계 정립을 다시 해야 한다.

마음에 휴식이 필요한 순간

3. 시선과 평가로부터 자유로워지기

전환점에는 위에서 말했던 스트레스로 인한 예민함과 흐려지는 판단력 등으로 인해 타인의 시선과 평가가 더 날카롭게 느껴진다. 그러니 다시 중심을 잡을 때까지 누군가의 시선과 평가로부터 최대한 멀어지자.

4. 배신감과 상실감으로부터 벗어나기

강제로 리셋 되었고 자신이 주도하지 않은 전환점을 맞이했기 때문에 배신감이 드는 건 당연하고, 원했든 원하지 않았든 상실감 또한 찾아올 수밖에 없다. 그리고 그런 상태를 겪고 싶지 않아서 자신도 모르게 마음에 잔뜩 힘을 줬을 거다. 힘을 세게 줬을수록 배신감과 상실감은 더 크기 때문에 갑자기 힘이 빠져버린 뒤의 마음을 잘 돌봐주어야 한다.

5. 내가 원하는 바를 내 안에서 찾기

새로운 방향을 찾을 때 우선 내가 원하는 걸 정확히 알아야 한다. 이 전환점을 계기로 앞으로는 어떤 관계를 어떤 방식으로 유지하고, 또 원하지 않는 상황과 그 상황이 끝나는 것을 경험하지 않기 위해 어떤 노력을 해야 하는지 생각해보는 시간을 갖는 것이다. 마음의 소리에 귀를 기울여 원하는 바를 확실하게 알아채는 게 중요하다.

예민한 사람이 되고 싶지 않아서

정보를 얻으러 가끔 들어가던 커뮤니티에서 매번 빼놓지 않고 본 제목은 '이거 제가 너무 예민한 걸까요?'와 '제가 예민한 건지 봐주세요'였다. 그런 글에 달린 댓글에서도 자주 보이는 말이 있었다. 그건 '제 기준 예민이요.'

우리는 기본적으로 공감받고 싶어 하는 마음을 가지고 있다. 누구나 '나만 그런 게 아니라는 것'을 인정받길 원한다. 그런데 간혹 어떤 사건이나 상황에 대해 공감을 받고 싶어 하는 자신이 너무 예민한 건 아닐까 고민하는 사람들이 있다. 단지 나만 그런 게 아니라는 것을 확인받고 싶은 마음을 무조건 예민하다고 치부하기 전에 꼭해야 할 것이 있다.

그것은 우선 현재 나에게 가장 큰 원인이 있다고 생각하는 것을 멈추는 것이다. 커뮤니티에 올라온 글의 의미는 보통 두 가지로 나뉜다. 자신이 가진 가치관을 의심하고 있거나, 나만 그런 게 아니라는 것을 확인받고 싶거나.

누군가의 공감과 인정이 가치관을 지킬 수 있게 해주고, 다수가 예민한 것이 아니라고 판단해주었을 때 사람과 상황을 더 객관적으로 볼 수 있다면 그건 커뮤니티의 순기능이 작동한 것이다.

하지만 다수가 나의 예민함을 문제 삼을 경우, 자존감이 위협받을 수 있다. 이건 꼭 커뮤니티가 아닌 누구에게든 이야기를 했을 때도 마찬가지다. 그러니 타인이 주는 인정과 공감을 너무 중요하게 생각하지 않았으면 좋겠다. 예민함을 타인에게 공감받기 보다는 자신이 해주는 인정이 훨씬 중요한 법이니까.

회복이 필요할 때,
마음의 문을 열어두기

2022년 1월, 새해가 시작된 지 얼마 안 된 무렵 나는 화재 사고로 인해 3층 건물에서 낙상했고 사람의 몸에서 가장 큰 뼈라는 대퇴부를 비롯해 양쪽 발목, 꼬리뼈 등이 골절돼 9시간 동안 수술을 받았다. 의사와 간호사, 가족, 친척, 친구들까지 모두 입을 모아 머리부터 떨어지지 않아서 이렇게 골절만 되고 얼마나 다행이냐고 했다.

추운 겨울에 입원한 나는 봄이 오고 벚꽃이 전부 떨어진 후에야 퇴원할 수 있었다. 하지만 퇴원을 해서도 오랜 재활 치료가 나를 기다리고 있었고, 뼈가 붙지 않아서 여름에 다시 재수술을 하기도 했다. 한 해의 반 이상을 일을 하지도 못하고 매일 병원과 집만 오갔던 나는, 삶이 무너졌다고 생각했다. 아픔보다도 예전과 같은 평범한 일상으로 돌아갈 수 있을까 하는 두려움과 매일 싸워야 했다.

조금씩 회복이 되던 어느 날, 창문으로 햇볕이 따뜻하게 들어오고 있었다. 문득 몸과 마음을 회복시키는 동안 수없이 받았던 도움이 하나씩 떠올랐다. 멀리서 열리는 엘리베이터를 보고도 빠른 걸음으로 걷지 못해 다음에 오는 걸 타려고 할 때 천천히 오라며 열림 버튼을 누르며 기다려주던 사람, 매일 나의 걸음걸이를 보고 어제보다 더 좋아졌다고 말해주던 물리치료사 선생님들, 계단 오르는 것을 힘들어 하는 걸 알고 계단이 없는 음식점과 카페를 찾아 데려가던 친구들, 노약자석에 나를 앉히고 내 앞에 서서 가던 할머니까지. 내가 회복하는 데에는 분명 그들의 배려와 다정함도 한몫했다.

위로는 생각지 못한 때에 기대하지 않았던 대상에게 받을 때가 많다. 생각하지 못하고 기대하지 않았기 때문에 더 따뜻하고 다정하게 느껴지기도 한다. 언제 우리에게 마음을 위로하는 배려가 찾아올지 모른다. 그러니 마음의 문은 활짝 열어두되, 찾아올 배려에 대한 많은 기대를 하지는 말아야 한다. 과한 기대는 언제나 실망을 동반하니까.

나처럼 큰 외상을 겪는 것 뿐만 아니라 내상도 마찬가지다. 누군가가 건네는 "요즘 많이 힘들죠?"라는 말 한마디에 울컥하게 되는 것처럼. 그렇게 힘을 빼며 살아갈 때 다가오는 위로가 모이면 몸과 마음의 아픔이 회복된다. 회복에 도움을 받는다.

내가 요즘 강조하는 것은 듣고 싶은 말을 정해두고 위로를 바라지 말라는 것이다. 사랑이 상대가 표현해주길 기다려야 하는 것처럼, 위로도 마찬가지다. 그래서 누군가에게 의지할 때 주의할 점은 상대에게 바라는 답을 정해놓지 않아야 한다는 것이다. 상대방은 내가 원하는 대로 해주는 사람도 아니고 항상 그럴 수도 없다. 나 또한 상대에게 마찬가지다. 그런데 힘들 때는 자신도 모르게 바라는 걸 정해두고 기대려 할 때가 있다. 그걸 주의하는 방법은 간단하면서도 어렵다.

힘들지 않을 때부터 미리 다짐한다. 내가 혹시 이렇게 잘 지내다가 힘든 일이 생겼을 때 좋아하는 사람들에게 털어놓더라도 너무 의지하거나 바라지는 말자고 말이다. 내가 원할 때 늘 곁에 있어 줄 수 있는 사람이 없는 게 당연하고 내가 느끼는 걸 그대로 다 얘기한다고 해서 상대는 100퍼센트 공감할 수 없다. 그 생각을 하면서 힘든 일이 없을 때 틈틈이 기대치를 낮춰놓는 것이다.

그리고 오히려 바라지 않았기 때문에 상대가 생각했던 것의 이상을 해줄 때 더 감동받을 수 있다. 또 하나 조심해야 할 점은 그래서 얼마큼 솔직할 것인가다. 답을 정해두고 기대치와 솔직함을 최대로 끌어올려 말했는데 상대로부터 원하는 만큼 돌아오지 않을 경우, 상처를 받게 된다. 그때 그 상처의 원인은 누구에게 있는가?

솔직함의 정도는 당연히 말하는 사람에게 달려있다. 내 마음을 얼마나 솔직하게 드러낼지 정한 것은 자신이다. 혼자 최대치로 올려놓은 솔직함과 기대감에 대한 책임을 들은 사람이 져야 한다는 생각은 위험하다는 뜻이다. 상대에게 기대하지 않고 솔직한 것에 부담이 없을 정도로 마음을 비웠으면 한다. 누군가 마음을 알아주길 바라지 말고, 자신의 마음은 스스로 가장 크고 넓게 이해해줬으면 한다. 그걸 최고의 위로로 여기길 바란다.

내려놓아야 편해지는 것들

×ˣ

· 빠르게 인정하기

· 우아하게 거절하기

· 쿨하게 잊기

· 무던하게 받아들이기

· 쉽게 심각해지지 않기

· 지나치게 후회하지 않기

한동안 간절히 원해서 책상 앞에 붙여놨던 메모다. 이 모든 것을 하나의 어려움도 없이 해낼 수 있다면, 당신은 이 책을 읽을 필요가 없다. 아마 나도 책을 쓸 이유가 없었을 것이다. 이 말은 곧, 적어둔 글이 지키기 어려운 거라는 뜻이다. 당신만 잘 안 되는 부분에 대한 이야기가 아니라는 말이다.

상담을 하다 보면 간혹 나에게 "작가님은 이성적으로 생각할 수 있으니 너무 부러워요."라는 말을 건네는 내담자들이 있다. 왜 안 그럴까. 나도 내 고민에 이성적이고 똑 부러지는 답을 해주면 고마움을 느끼는 동시에 부러운 마음이 솟구치는데. 하지만 사람은 누구나 자신의 일에는 처음부터 객관적이기 어렵다. 그렇기 때문에 다양한 도움이 필요한 것이다.

어쩌면 애쓸수록 멀어질지도 모른다. 코끼리를 생각하지 않으려고 생각하면 코끼리가 계속 떠오르는 것처럼 말이다. 하지만 애쓰지 않고 되는 일은 세상에 별로 없다. 대부분 기를 쓰고 악을 쓰고, 가끔은 모든 걸 포기하듯 내려놓아야만 갑자기 되는 일도 있다. 그러니 어느 정도는 힘껏 쥐고, 어느 정도는 내려놓아야 세상의 많은 일이 덜 어렵게 느껴질 것이다.

　빠르게 인정하는 것도, 우아하게 거절하는 것도, 쿨하게 잊는 것도, 무던하게 받아들이는 것도, 쉽게 심각해지지 않는 것과 지나치게 후회하지 않는 것도 모두 자신을 위한 약속이다. 상처 주지 않고 받지도 않는 삶을 꿈꾸지만 그건 불가능하다고 알려주는 일을 늘 만나기 때문에, 다짐과 다르게 살아지지만 말이다.

　쉽게 할 수 있는 것이라 제안하는 게 아니다. 어렵다고 포기해버리면 정말 원하는 삶과는 멀어질 수 있으니, 꾸준히 다짐하고 약속하자는 뜻이다. 가끔 그리워하면서도 과거에 머물러 살지 않고 현재와 미래를 더 중요시하는 사람이 되기 위해서 뜨거운 마음을 차갑게 식히는 연습을 하자. 더 오래, 잘 살아야 하니 그렇게 하자.

부정적인 생각을 멈추는 법

×ˣ

　부정적인 생각을 멈출 수 없을 것만 같은 기분에 시달릴 때가 있다. 그러나 그건 부정적인 에너지을 끊을 방법이 자신에게 없다고 생각하기 때문이다. 그래서 자꾸 외부의 도움을 받으려고 하지만, 그럴수록 내면을 들여다봐야 한다. 외부의 도움은 일시적이지만 그걸 유지하는 건 자신의 역할이기 때문이다. 사실 부정의 꼬리를 끊어내는 건 긍정이 아니다. 부정에 순응하는 마음이다. 왜 부정적인 생각이 꼬리를 물게 되었는지 정확히 알았을 때 비로소 그곳에서 나가는 열쇠를 쥐게 된다.

부정적인 생각이 멈춰지지 않는 시기를 생각해보면 보통 불안할 때다. 지나간 일에 대한 후회, 막연한 걱정, 알 수 없는 미래에 대한 상상 등이 불안을 불러들인 것이다. 그때 부정적인 생각을 끊어내려고 했던 생각들이 있다.

1. 이미 지나간 최악의 상황이 다시 반복될 리는 없다. 같은 상황이 온대도 다르게 대처할 거니까.
2. 걱정을 하든 하지 않든 일어날 일은 일어나고, 일어나지 않을 일은 절대 일어나지 않는다.
3. 아무리 예측해보려고 해도 미래는 어차피 아무도 모른다. 현재를 살자.

말이 쉽지 저렇게 실천하기는 어렵다고 생각한다면, 그건 믿지 않아서다. 알고만 있는 게 아니라 온전히 믿어야만 뻔한 말이든 흔한 말이든 내 삶에 적용할 수 있는 거니까. 그러니 어떤 말을 내 것으로 만들고 삶에 적용하고 싶다면 우선 믿자. 이루어졌으면 하는 말을 믿고 그 말을 실천할 수 있다고 자신도 믿어주자.

에너지를 충전하는 시기

원래 활발하고 높은 사교성을 요하는 곳에 가는 걸 좋아하는 것은 아니었지만, 시간이 흐를수록 나와 에너지가 맞지 않는 사람들이 있는 자리에는 더더욱 가지 않게 되었다. 주변 사람들과의 정신적 레벨, 에너지 등을 생각하지 않고 함께할 경우에 어떤 식으로든 나에게 부정적인 기운이 흘러들어온다는 것을 느꼈기 때문이다.

한때는 그게 단순히 살아온 세월에서 오는 차이와 성격 차이인 줄 알았지만 개인이 가진 고유한 에너지는 그이상, 무수히 많은 것으로 구성된다. 단체의 모임이든,

1:1로 친구와 만나든 집에 돌아왔을 때 남은 여운으로 사람들이 주는 에너지를 감당할 수 있는지 생각해봐야 한다.

불필요한 감정 소모를 하지 않아도 되니까, 누구에게도 이해와 사랑을 받으려 애쓰지 않아도 되니까, 그런 이유로 혼자가 더 좋은 시기가 있다. 사람들과 멀어져 나만의 시간을 보내고 온전히 내게 필요한 것을 생각하며 에너지를 충전하는 시기. 이런 시간이 꼭 있어야 다시 사람들과 부딪힐 용기도, 상처받는 걸 두려워하지 않을 배짱도 생긴다.

그러니 잠시 멀리 떨어져 있는 건, 혼자만의 섬이 되는 건 무작정 두렵고 외로운 일은 아니다. 더 좋은 날을 기약하자는 자신과의 약속이다. 어쩔 수 없이 에너지를 많이 뺏기는 곳에 갔다 왔을 때, 혼자만의 시간을 보내자. 그러면 모임에서 사람들에게 기운을 뺏겨 힘들다는 곡소리는 하지 않게 될 것이다.

마음에 휴식이 필요한 순간

살면서 한 번도 후회한 적이 없다면

살면서 한 번도 후회를 해본 적이 없다는 사람을 딱 한 명 만나봤다. 그리고 그때 알았다. 그동안 내게 가장 부러운 사람은 부자도 이미 성공한 사람도 걱정이 없는 사람도 아닌 후회 없는 삶을 사는 사람이라는 걸.

일상을 잘 보내고 있을 때도 웃음 뒤에 쓸쓸함을 내뱉는 것, 앞으로 잘 되고 잘 살 거라고 말하면서도 마음이 편하지 못했던 것, 그건 전부 후회 때문이었으니까. 후회는 그리움만큼이나 짙은데, 그 정도를 동일시하지 않는 사람을 어떻게 부러워하지 않을 수 있을까.

그다음에는 후회가 없다면 사람이 발전하는 데에 한계가 있을 테니, 어느 정도 후회를 하고 더 나은 사람이 된 후에 지난날의 후회를 기억에서 지워버릴 수만 있다면 좋겠다고. 하지만 그런 생각은 밥을 먹지 않아도 배부르게 만들어주는, 그러면서 음식이 주는 행복까지 느끼게 해주는 알약을 바라는 것만큼이나 어리석었다.

후회가 있어 변화도 있고 변화가 있어 발전도 있다. 후회는 오랫동안 잊히지 않는 것이기 때문에 변화와 발전을 위한 노력도 유지될 수 있다. 그러니 후회를 반복하지 않으려고 노력하고, 후회를 잊지 않기에 조금이나마 더 나은 삶을 살 수 있다는 걸 기억해야 한다. 나아가 후회가 많은 자신을 원망의 대상으로 삼지 말아야 한다는 것도. 더 나은 자신이 되고 싶을 뿐이고, 후회는 그렇게 되는 데에 좋은 역할이 되어준다는 것까지.

가끔 고집을 부리게 되는 것들이 있다는 걸 안다. 고집을 꺾었다면 지금 많이 달라져 있지 않을까 싶은 것들. 하지만 그때 그것이 나의 굳은 신념이었다면, 어쩔 수 없다. 누군가가 나를 이해하지 못한다고 하더라도 그게 확고한 내 생각이라면 지키는 것이 맞다. 맞지 않는 부분을 애써 맞춰가다가 진작 고집 좀 부릴 걸 싶어 후회하는 것보다는 차라리 나만의 신념이라고, 이해할 수 없다면 떠나라고 말하는 편이 낫다. 떠날 사람은 어떻게 해도 떠나고 떠나지 않을 사람이라면 어떻게 해도 곁에 머무르기 마련이니까.

가끔 괜한 고집으로 사람을 잃었을 때는 '왜 그게 어려웠을까…'라는 생각이 든다. 돌아보니 그때는 지나고 나면 별거 아닌 것들을 유독 고집했고, 그건 나의 약한 부분 때문이라는 걸 알게 되었다. 약한 것을 아니까 나도 모르게 방어하려고 세 보이는 쪽을 택한 것이다. 사람이라면 누구나 그런 실수를 한다. 그리고 그런 실수는 오래 기억과 마음에 남아 어떤 밤에 부끄러워 잠 못 들게 하지만 그것 또한 우리의 든든한 면역력이 되어 준다.

그러니 내 신념을 말하는 것에 대한 두려움을 버리고, 대신 괜한 고집을 내세우며 실수하는 것에 대한 경각심을 가져야 한다. 그 사실을 잊지 않고 상황과 사람에 맞춰 적당히 구분하며 살아간다면 적어도 부끄러워 잠 못 드는 밤이 줄어들 수 있을 테니까.

어린 시절의 조각들

어린 시절 나는 가족의 많은 지원을 받으며 자랐다. 피아노와 음악을 오래 했으며 이외에도 영어, 한자, 논술, 바둑, 수영, 재즈댄스, 피겨스케이팅 등 다양한 것들을 배웠다. 할아버지가 편찮으시면서 가세가 기울기 전까지 아버지는 하고 싶다고 하는 것과 배웠으면 하는 것에 아낌없는 투자를 해주고 신경도 많이 써주었다. 그러나 자발적으로 어디에 간다거나 정해진 이외의 것을 하려고 할 때는 엄격한 제약이 있었다. 한 마디로 사랑을 많이 받으면서도 굉장히 억압을 받는 환경에서 자랐다.

그래서 자연스럽게 애정이 넘치지만 사람을 못 믿는 특유의 모순적 성향을 가지게 되었고, 완곡어법을 써야 하는 상황에 능해져 어릴 때부터 청산유수라는 말을 들어왔다. 완곡어법이란 불쾌하고 부정적인 것을 표현하는 데 직접적으로 하지 않고 좀 더 부드러운 다른 표현을 사용하는 수사법이다. 걱정이 많은 가족들을 안심시키려면 내가 하려는 것에 최대한 이점을 찾아 표현하고 설득해야만 했기 때문이다.

이 글을 쓰기 위해 완곡어법을 다시 검색해보다가 잠깐 소름이 돋았다. "비분강개 자제를 위해 완곡어법을 익히는 건 꼭 필요한 일이다."라는 예문이 눈에 띄었기 때문이다. 비분강개는 '슬프고 분하여 마음이 북받침'이라는 뜻으로 그 사자성어를 처음 봤을 때 내 마음을 대변해준다는 느낌을 받아 메일링 서비스 연재를 할 당시 글 제목으로도 썼던 기억이 있다.

억압과 사랑을 동시에 받던 나, 그런 환경 속에서 내

면과 사람에 대한 고찰을 할 수밖에 없던 환경에 대한 서러움이 있었다. 그 시작은 가족들이 엄마의 부재를 숨긴 것이었다. 엄마가 공부하러 유학을 갔다고, 크리스마스에는 엄마가 미국에서 보내왔다며 선물을 전해주기도 했다. 심지어 한 살 터울의 동생이 엄마와 함께 사고로 세상을 떠났다는 사실을 말해주지 않아 아주 나중에야 동생의 존재를 알았다.

처음 엄마가 미국에도 한국에도 세상 어디에도 살지 않는다는 걸 안 건, 초등학생 때 자주 놀러가던 친구의 집에서였다. 인형을 가지고 놀다가 엄마가 사준 것이라며 자랑하던 나에게 "난 너도 나처럼 엄마가 없다고 들었는데?"라던 친구의 말. 간식을 준비하다가 그 말을 듣고 놀라서 우리를 바라보던 친구의 할머니. 그날 집으로 돌아가 친구 집에서 있었던 일을 전하니 나를 너무도 딱하다는 듯 바라보던 우리 할머니의 표정.

열 살 때부터 그 모든 상황을 해석하고 이해하기 위해

애썼다. 마음이 덜 아플 수 있도록, 나와 우리 가족에게 유리하게 생각하고 싶었다. 그러니 나에 대한 과한 걱정과 가능한 모든 걸 해주려고 애쓰는 가족들의 양육방식에는 넘치는 사랑과 보호가 동시에 담겼다는 것을 아는 것은 그렇게 어려운 일이 아니었다. 사춘기에는 가족들의 보수적인 사랑과 모순에 지쳐 반항을 하기도 했다. 누구보다 이해했지만 누구보다 미워했다. 이해하지만 이해하고 싶지 않기도 했다. 무엇이 더 나를 지키는 일인지 어린 나는 헷갈렸다. 그 과정에서 모든 게 상처로 돌아오기도 했다.

벌써 20년이나 된 일이다. 그리고 20대의 어느 계절에 그 모든 일에 대한 원망과 엄마와 동생에 대한 애도를 전부 마쳤다. 물론 얼굴도 기억나지 않는 대상을 그리워하고, 다 있는데 나에게만 없는 것 같은 엄마와 동생을 담담하게 글로 풀어낼 수 있을 때까지 삶을 버티듯 살았던 적도 있다. 그러나 이제야 확실히 알 수 있는 건 가족을 설득하기 위해 말을 잘하게 되고, 나와 비슷한 상처를 가진 사람들을 글로써 치유해주는 직업을 갖게 되고, 어려운 상황에도 사랑을 찾는 사람이 된 것 모두 감사한 일이라는 것이다.

그렇게 생각하니 이해하고 싶은 건 그냥 이해할 수 있게 되었고, 미워하고 싶지 않은 건 미워하지 않을 수 있게 되었다. 당신은 인생에서 무엇을 잃었고 얻으려고 노력했는가? 당신이 바라는 것이 어떤 것이든 더 많이 얻으며, 감사한 삶을 살게 되길 바란다.

한 해를 보내는 마음가짐

이 글을 쓰고 있는 2022년의 마지막 달. 계획을 세우기를 좋아하는 나는, 벌써 2023년의 다양한 계획들을 세워두었다. 적어도 3개월, 길면 6개월까지의 계획을 세워둬야만 마음이 편하기에 연말을 맞아 적어보았다. 영어 공부, 유럽 여행, 밴드 만들기, 유튜브 시작하기, 다작하기 등 다양한 목표와 그 안의 세부 계획을 종이에 채워 넣었다. 그러다 마음에 대한 계획도 세워야 하는 게 아닌가 하는 생각이 들었다. 몸이 바쁘게 움직이는 만큼 마음도 바쁘게 움직일 테고, 몸과 마음을 부지런히 챙기는 한 해를 보내야 하니까. 그렇게 여덟 가지의 다짐을 적어보았다.

1. 감정을 천천히 흘려보낼 줄 알기

감정을 다스리는 것에 서툴러 어딘가에 쏟아버리는 게 습관이 되면 늘 후유증이 남기 마련이다. 손에 쥔 모래가 손가락 사이를 빠져나가는 것처럼 조금씩 흘려보내주는 연습을 하자.

2. 사랑받기 위해서 무모한 행동은 하지 말기

사랑이 필요하다고 눈에 불을 켜고 찾아다니지는 말자. 어차피 인연은 그렇게 한다고 만나지는 것도 아니다. 무모하게 뛰어들기보다는 현명하게 쟁취하자.

3. 외로움을 즐길 줄 알기

사랑이 필요하지 않은 사람이 없듯, 외로움 또한 모두에게 찾아온다. 필연적으로 만날 외로움에게 반갑게 인사하고 친구처럼 곁에 머무르도록 허락하자.

4. 적당히 게으르고 적당히 부지런하기

제대로 된 휴식이 없는 일상은 정체된 고속도로다. 자신을 가로막는 것들을 요리조리 피해 앞으로 가려고 애쓰지 말고 원활해질 때까지 쉬었다가 다시 움직이자. 최선을 다해 게을러지고, 다시 최선을 다해 부지런해지자.

5. 진정한 휴식과 일의 균형을 맞추기

일은 최대한 효율적으로, 휴식은 최대한 비효율적으로 하자. 일은 꼼꼼하게, 휴식은 허술하게 하자.

6. 나 자신과 내가 사랑하는 사람 모두 잘 챙기기

함께 살아온 날들을 다독이고, 살아갈 날들을 축복하며

그들이 곁에 있음을 한 순간도 당연하게 생각하지 말자.

7. 조급해하지 않고 꿈을 향해 나아가기

얼마나 잘 걸어왔는지, 앞으로 어떻게 걸어 나갈지만 생각하자. 가지지 못한 건 생각하지 말자.

8. 있는 그대로의 모습으로 사랑하고 사랑받을 줄 알기

사랑받으려고 애쓰지 않는다. 나와 내 곁의 사람들에게 많은 사랑을 주고 돌아올 것에 대해 크게 기대하지는 말자.

기대를 내려놓아야 할 때

기대와 실망은 언제나 비례한다. 소개팅에 나갔는데 '이번에도 내 인연이 아니었구나.'를 알게 되는 날, 솔로 탈출을 하지 못했다는 실패감을 느끼고, 칼퇴근을 할 줄 알았는데 퇴근 시간 직전 야근해야 한다는 사실을 알았을 때, 힘이 빠지는 것처럼.

스트레스가 많고 무작정 벗어나고 싶다는 생각이 강할 때도 무엇을 하든 기대치가 높아진다. 노력하면서 거기에 기대를 많이 담는 것이다. 어떤 걸 하든 '내가 이걸 했으니까 괜찮아질 거야.'라는 기대를 하고 있다면 내려

마음에 휴식이 필요한 순간

놓는 게 좋다. 기대를 담아 움직일수록 '기분이 좋아진다고 해서 열심히 했는데 왜 그대로지?'라는 절망만 찾아올 뿐이다.

'내가 괜찮아지기 위해 이런 노력을 하고 있어.'라는 내 노력에 대한 인지 자체가 중요하다. 자신을 위해 노력하고 있다는 그 사실을 긍정적으로 받아들이면 기분이 조금이라도 나아지기 마련이니까.

감정의 구덩이에서

지금 어렵고 지치고 슬프고 힘든 거 다 괜찮아질 거라고 자신에게 주문을 외우듯 말해주자. 그러니 심각해지지 말자고. 지금보다 더 절망할 때도 우리는 결국 답을 찾고 나아가야 할 길을 발견해왔으니까. 모든 상황과 문제를 가벼운 시선으로 보다 보면, 쓸데없이 모든 순간에 심각해지지 않을 수 있다.

감정의 깊은 구덩이에 빠졌을 때 우리에게 필요한 건 깊게 파고들어 있는 문제에서 한 걸음 물러나는 일이다. 문제를 가볍게 여길 수 있을 때까지 몸과 마음을 부드럽게 풀어주는 시간 말이다. 심각해지지 말자. 심각한 일이더라도, 그 심각한 기분과 감정에만 빠져있지는 말자.